日本人のものの見方

〈やまと言葉〉から考える

山本伸裕

青灯社

日本人のものの見方

——〈やまと言葉〉から考える

装丁　眞島和馬

目次

序論　〈やまと言葉〉で考える　*9*

第一章　日本人の「自己」の構造　*31*

第二章　日本人は「宗教心」に篤いのか　89

序論　〈やまと言葉〉で考える

一　言葉は存在の住処

子どもの頃、友だちにあだ名を付けたり付けられたりしたという経験をもつ人も少なくないでしょう。あだ名を付けるというのは、それまで呼び名が存在しなかったところに、新たに名を生み出すという、ある意味、すぐれて創造的な行為とも言えます。誰かがふざけ半分に口にした言葉が、あだ名として定着するには、多くの人が命名の由来に共感・賛同し、周囲の人びとが一斉に使い出すということが必須の条件です。

また、あだ名など付けた経験をもたないという人でも、親にでもなれば、わが子に名前をつけるということをしなければなりません。もっとも、赤ん坊に名前を付ける場合には、役所に届け出をしなければならないわけですから、あだ名とは違ってその子は、生涯、否応なしにその名前で呼ばれることになるのですが、名付けという行為は、何もなかったところに言葉を創出するという点や、名づけられる対象が命名する人間の目にどう映っているかに深く関わっているという点で、本質的にはあだ名を付けるのとは変わらない思想的営みと言ってよいのです。

ところで、私はいま、この文章を、傍らに「マウス」を置いた状態で作成しています。「マウス」と言うのは、もちろんパソコンに情報を打ち込むための、あの入力機器（デバイス）のことです。掌（てのひら）サイズのこの機器が、なぜ「マウス」と呼ばれるようになったのか、その理由については、いちいち説明するまでもないでしょう。

“mouse”は、日本語に訳せば「ねずみ」です。ただ、日本人は、パソコンの外部入力装置のことを指す場合には、“mouse”という英単語を日本語に翻訳することなく使用してきました。そのことが、それを使う人の心理に及ぼす影響は、無視できないように思われます。この小さくて丸っこい物体が「マウス」と命名（ネーミング）されたことで、多くの人が、多かれ少なかれ愛着を感じてきたことは確かでしょう。逆に、もし「ねずみ」などと翻訳されていたとすれば、はたしてどれほどの人がそれに愛着を感じたかは、甚だ疑問です。

ともあれ、“mouse”が、翻訳されずに「マウス」という言い方がされてきたという事実は、この語が日本語としてすっかり定着しているということを意味しています。パソコンが広く一般家庭に普及する以前の日本人で、「マウスを右クリック」と言われて、意味が理解できた人は、まずいなかったはずです。それが、わずか四半世紀のうちに、「マウス」と聞いて「ねずみ」と混同するような人は、ほとんどいなくなったのです。

英語では、ハツカネズミのような小型の“mouse”と、クマネズミやドブネズミのような大型の“rat”との間には、明確な認識上の区別が存在します。前者は、親しみを覚える小動物として、後者は、人間にとって気味の悪い、忌々しい生物として捉えられてきました。一方、日本語にはそうした概念上の区別は存在しません。日本人にとって、昔からネズミは比較的身近な存在で、蔵の穀物を食い荒らしたり、病原菌をまき散らしたりする厄介な動物として駆除の対象とされてきたのと同時に、昔話の中に登場したり、干支（えと）に取り入れられていたりもするように、ともに生活世界を形づくる伴侶（コンパニオン・アニマル）動物的な存在でもあったのですが、「ねずみ」という一つの単語で言い表されてきたために、基本的に区別されることはなかったと言えるでしょう。

近頃は、「ねずみ色」という言葉をあまり耳にしなくなりました。「グレー」に取って代わられたからなのでしょうが、私が子どもの頃は、「ねずみ色」という言い方が一般的だったと記憶しています。このことが示しているのは、日本人は「ねずみ」という言葉に、元来、悪い印象を抱いていたわけではないということです。「ねずみ色」という言葉が廃れた背景には、普段の暮らしの中で野生のネズミを見かける機会がめっきり減ったこともあるのでしょう。しかし、それ以上に大きな要因として指摘し得るのは、日本人の生活とネズミとの関係、さらにはネズミという他者を含む生活世界全体に対する認識の変化ではないでしょうか。

ドイツの哲学者、M・ハイデガー（一八八九－一九七六）は、言葉は存在の住処（すみか）だということを述べています。ハイデガーによれば、言葉というのは、単なるコミュニケーションのための手段でもなければ、人間が主体的に用いるものでもなく、逆に言葉が人間存在そのものを語るとされるのです。換言すれば、人間は言葉の使用をとおしてはじめて自己が置かれている世界に真向かいになれるということでもあるのですが、言葉というのは、要はそれほどまでに私たちのものの見方、世界観の形成に深く関与しているということです。

二　現代日本語における多重言語構造

では、日本人にとってネズミは、元来、どのような存在として認識されてきたのでしょうか。私は、そのあたりのことを知る、もっとも簡単で効果的な方法の一つは、言葉の語源を訪ねることにあると考えています。

“mouse”にも、この英単語が誕生するに至った独自の思想的・文化的な経緯があることは間違いありませんが、「マウス」なる語は、日本人にとっては、どこまでも外来語として移入されたものにほかなりません。そのため、英米人とは異なる思想文化を背景に暮らしてきた人間に、“mouse”なる語を生み出した思想的な背景を、どの程度まで深く理解できるかと言えば、どうしても限界があると言わざるを得ないでしょう。そうした障害が存在している以上、日本語を母国語として生活してきた人間としては、言葉の背後に茫漠と広がる意味の世界について思いをめぐらす以前に、「マウス」なる言葉を、ひとまずそういうものとして記号的に受け容れるほかないのです。

一方、「ねずみ」というのは、日本人の暮らしの中から紡ぎ出された言葉です。したがって、この語の背後に広がる意味の世界、人間の暮らしとの関わりのありようを問うことは、「マウス」に比べてはるかに容易でしょうし、他者と世界を共有して生きている自己なる存在を、「ねずみ」という他者をとおして見つめ直すうえでも、裨益（ひえき）するところが大きいと想像されるわけです。

ただ、一概に「日本語」と言っても、「マウス」という言葉が日本語としてすっかり定着しているように、さまざまな文化に起源（ルーツ）をもつ複数の言語で構成されているというのが、現在の「日本語」の実態でもある。もっとも、言葉が、単なるコミュニケーションの手段くらいにしか捉えられていないうちは、起源などというのは、特に意識されることもないのかも知れません。けれども、実際、私たちが現在、「日本語」として認識している言語は、大まかに、次に挙げる四つの異なる言語から構成されていると考えて差し支えないでしょう。

一、やまと言葉（和語）
二、漢語（中国語）
三、新漢語（翻訳漢語）
四、カタカナ語（音写語）

これら起源を異にする四言語のうち、最も古くから日本語として使用されてきたのは、言うまでもなく〈やまと言葉〉です。ここで「最も古くから」と言うのは、「人びとの身体性に根ざした」、「生活の内側から紡ぎ出された」という意味でもあるのですが、少なくともはっきりと断言できるのは、〈やまと言葉〉を生み出したのは、日本列島に暮らしてきた私たちの直接の祖先であり、この国独自の気候風土であるということです。

〈やまと言葉〉が、いついかなる経緯で生まれたのかについては、知る由もありません。また、ひとつひとつの言葉の由来にしても、多くの場合は、推測する以外にはないのが実状なのですが、日本人の発想の基底にあって、思想の原型を形づくっている言語が〈やまと言葉〉であるということだけは、疑う余地がないのです。

〈やまと言葉〉の次に、日本人にとって付き合いの長い言語が〈漢語〉です。〈漢語〉との付き合いがはじまったのは、中国大陸との交流が確認される、紀元前にまでさかのぼると考えられますが、日本語の語彙の中に本格的に〈漢語〉が取り入れられるようになるのは、仏教が伝来して以降のことであったと推測されます。

中国大陸を経由して日本にもたらされた仏教の経典は、すべて漢字で記されていたために、仏教の知識を吸収するには、〈漢語〉の習得が不可欠でした。日本に仏教がもたらされたのがいつなのかも、はっきりしたことはわかりませんが、六世紀半ばに朝鮮半島の百済（くだら）から、仏像、仏具、経典一式が贈られたのが、仏教公伝の最初だったというのが定説です。

仏教の経典に記された〈漢語〉は、それまで〈やまと言葉〉だけを用いて暮らしていた古代人にとっては、当初は完全に異国の言葉だったわけですが、経典に書かれている思想内容を理解しようと、官僚僧たちが〈漢語〉の習得に努めたり、大陸の進んだ政治制度に学ぼうと、貴族たちが〈漢語〉の読み書きに精出した結果、もともと外国語であったことが意識されないまでに血肉化され、日本語の語彙の中に取り込まれていったと考えられるのです。

さらに〈漢語〉の後に日本語の語彙の中に取り込まれたのが、〈新漢語〉です。長いこと、キリスト教文化の影響が強い西欧諸国と実質的に断交状態にあったこの国が、一九世紀の後半に開国へと舵を切って以降、西欧の思想文化に起源をもつ諸概念が、一気に流入してくるようになります。そうした新たな時代状況に否応なく直面させられた近代の知識人たちは、西欧出自の新奇な概念を、一語一語、漢語風に翻訳するといった骨の折れる作業に取り組みました。〈新漢語〉は、そうした労苦の中から生み出されたのですが、これらは一見〈漢語〉のように見えて、中国文化に由来するものではないという点で、近代以前に輸入された〈漢語〉とは別種の言語として理解される必要があります。

明治期に活躍した日本の知識人たちが、中国人の力を借りることなく漢語風の翻訳語を量産できた背景に、漢文との長い付き合いの中で培われた〈漢語〉に対する素養の高さが指摘できることは言うまでもありません。ただ、私たち現代人には、中国由来の〈漢語〉と、日本生まれの〈新漢語〉とを見分けることは、それほど容易(たやす)いことでありません。しかしながら、たとえば、「電話」とか「選挙」とか「自動車」などといった言葉が、近代以前の日本語に存在しなかったということくらいは、容易に推測がつくでしょう。

多重言語構造を有する現代の日本語の中でも、最も歴史が浅いのは〈カタカナ語〉です。〈カタカナ語〉というのは、外国語の発音を音写したものに過ぎません。その点で、限りなく「記号」に近いと言えるのですが、近代以前の日本語の中にも、〈カタカナ語〉に相当するものがなかったわけではないのです。

日本に伝えられた仏典の大半は、古いインドの言葉である〈梵語(サンスクリット)〉が中国で〈漢語〉に翻訳されたものです。実際、仏典の中には、「仏陀(ブッダ) buddha」、「阿弥陀(アミダ) amitābha」、「檀那(ダンナ)／旦那 dāna」、「娑婆(シャバ) sahā」等々、現代の〈カタカナ語〉に相当する音写語が数多く含まれています。また、周知の通り一六世紀以降、九州を中心に南蛮の文物がもたらされましたが、「煙草(タバコ)」や「合羽(カッパ)」、「金平糖(コンペイトウ)」などは、ポルトガル語をそのまま音写した言葉です。

日本語を構成するこれらルーツの異なる四言語の混合比率がどうなっているのか、正確なところはわかりませんが、さほど大きな差はないように感じられます。ただ、これはあくまでもそう

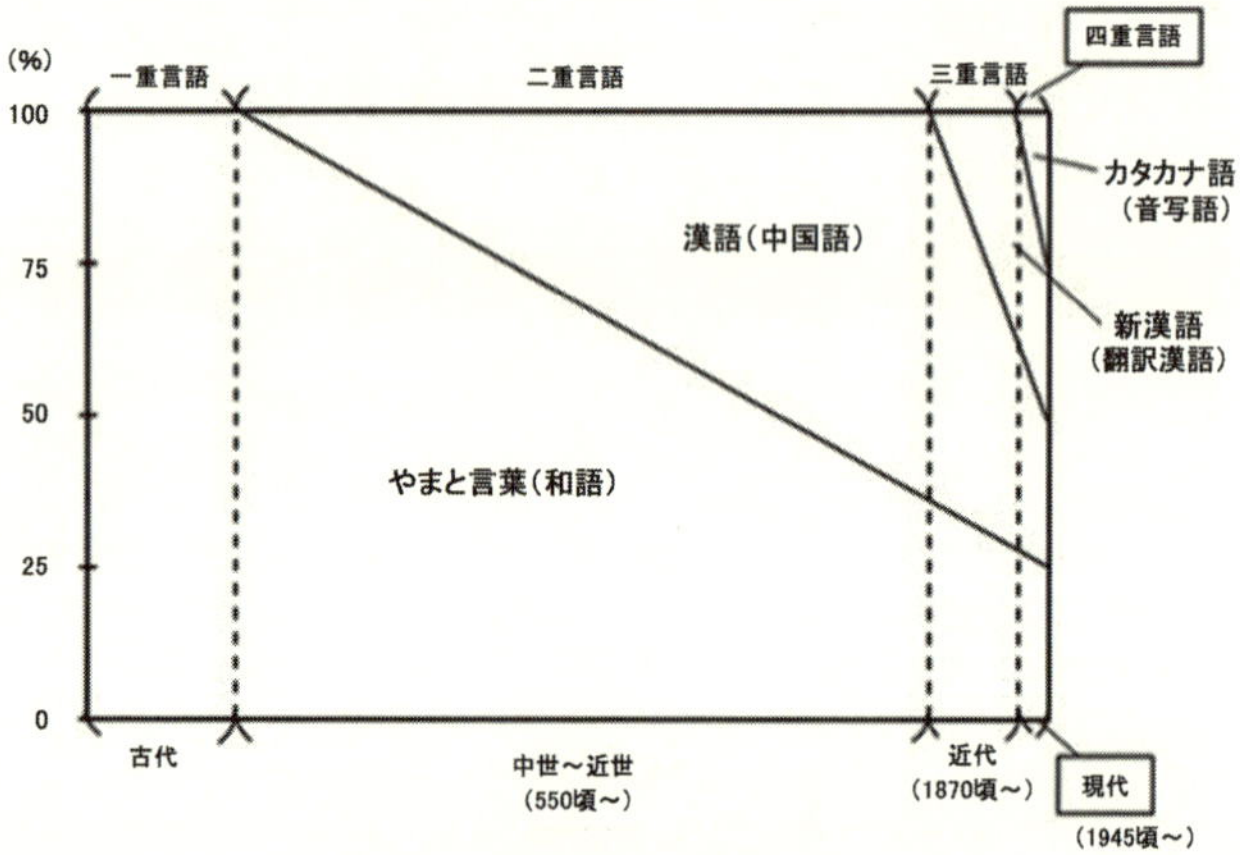

図1　日本語の多重言語構造

した傾向が見られるのではないかといった指摘に過ぎないのですが、〈やまと言葉〉は、主として日常生活において、〈漢語〉および〈新漢語〉は、主として学問や政治の場面で、〈カタカナ語〉は、ビジネスの世界でといった具合に、場面に応じて使用頻度に差があるということは言えるのではないでしょうか。（図1）

日本語を構成する四言語のうち、現在、急速に勢力を拡大しつつあるのが〈カタカナ語〉です。「ねずみ色」とか「灰色」とかの、古くからある〈やまと言葉〉が「グレー」に、「政権公約」などの〈新漢語〉が「マニフェスト」や「アジェンダ」などの〈カタカナ語〉に取って代わられるなど、近頃の〈カタカナ語〉の急激な増加には、目を瞠（みは）るものがあります。

私は、なにも新しい言葉を取り入れることが良くないと言っているわけではありません。ですが、近年、日本語の中に新奇な言葉が矢継ぎ早に取り込まれてきたせいで、それまでの地に足のついた生活のありようが見失われ、多くの人が、言い知れない、所在のない不安感に苛まれる要因となっているのだとすれば、新奇な言葉で溢れ返る言語状況がもたらす弊害について、いまいちど腰を据えて議論してみるべきではないかとも、思わずにはいられないのです。

三　生活言語としての「和語」

現代人にとって、〈漢語〉と〈新漢語〉とを見分けることが容易でないのは確かでしょうが、〈やまと言葉〉と〈漢語〉の違いに関しても、大概の日本語は漢字を用いて表記されるために、区別が難しく感じられることも、少なくないでしょう。

〈やまと言葉〉か〈漢語〉かを見分けるための便宜的な方法として、一般に推奨されてきたのは、訓読されるのが〈やまと言葉〉で、音読みされるのが〈漢語〉だということです。「鼠」を例にとれば、訓読みでは「ねずみ」、音読みでは「そ」ですが、「そ」と言われただけでは、意味は確定できません。「「殺鼠(さっそ)剤」の「鼠」だ」などと説明されて、はじめて私たちは「そ」の意味が理解できるのです。また、「手紙」と書いて「てがみ」と読む場合には、「て」も「かみ」もそれ自体で意味が通じますし、通常「しゅし」とは読みませんから、〈やまと言葉〉だということは、比較的簡単に推測できるでしょう。ですが、「手紙」というのは中国語の語彙にもあって、中国人が使う「手紙」は、トイレットペーパーのことを意味するのです。こうした珍妙な現象が起こるのは、〈やまと言葉〉にあとから漢字が当てがわれたことによるのですが、〈漢語〉かと思いきや、実は〈やまと言葉〉であったということも、決してめずらしくないということについては、若干の留意が必要でしょう。

ともあれ、唯一、〈やまと言葉〉だけがこの国の文化に淵源をもつというのは揺るぎない事実で、もともと言葉が存在しなかったところに言葉が生み出されてくる背景には、人間の身体性や人びとの間で共有された、実体験に根ざした意味の源泉がなければならないことは間違いありません。

そのあたりのことは、幼児語を例に考えれば理解し易いかも知れません。私たちは、学校などで最初に英語を習うとき、「犬」は“dog”で、「車」は“car”だと教わります。このとき、「犬」のことをなぜ“dog”と呼び、「車」のことを“car”と呼ぶのかといった疑問を抱く人がいたとすれば、よほど奇特な人だと言ってよいでしょう。ほとんどの人は、「犬」は“dog”で、「車」は“car”だと教われば、ひとまずそういうものとして受け容れるほかないと、どこかで観念しているところがあるのではないでしょうか。

　同じことは、外国人に日本語を教える場合にもあてはまります。「犬」とか「車」とかといった日本語は、日本語を初めて習得する外国人にとっては、当面は記号に過ぎません。対照的に、幼児が日本語を習得する場合には、「犬」とか「車」などといった単語をいきなり覚え込まされるわけではない。幼い子どもにとってみれば、「犬」は、はじめは「ブーブー」だったのです。「ワンワン」も「ブーブー」も、親が子どもにそう教えたと言えばそうなのかも知れませんが、こうした身体感覚に直に訴えかけるような語であれば、幼い子どもも、十分に受け容れることが可能なのです。「大便」のことを「うんち」、「小便」のことを「シーシー」とか「おしっこ」と言うのもこれと同じで、幼児語の一種と言えます。私たちにも経験があるように、子どもは、成長するにしたがい、「ワンワン」から「犬」に、「ブーブー」から「車」や「自動車」に、「シーシー」から「おしっこ」や「小便」にと、使用する言葉を変化させていくものですが、これらの言葉の基層には、擬音語や擬態語からなる幼児語の存在が指摘できるということです。

「ねずみ」という〈やまと言葉〉に話を戻せば、語源説としては、複数存在します。それらのうちでも有力と思われるものを紹介しますと、一つは、生息場所に関わるものです。すなわち、「根」、あるいは「穴」に棲む動物であることから、「根棲み」とか「穴棲み」などと呼ばれていたのが、「ねずみ」になったという説です。それから、二つめの有力な説としては、人びとの生活上の利害に直接に関わるもので、寝ている間に食べ物を盗み、食い散らすことから「寝盗み」と呼ばれたとか、夜中に食べ物が食い荒らされないよう寝ずに見張っていなくてはならないことから「寝ず見」と呼ばれた、といったものが挙げられます。いずれにせよ確実に言えることは、この語を生み出した人びとにしてみれば、決して単なる記号ではなかったということです。

事のついでにもう一つ、嫌われ者の代表である「ゴキブリ」の語源に関して紹介しておきましょう。この語は案外新しいもので、明治期以前には、「ゴキカブリ」と呼ばれていたそうです。「ゴキカブリ」は、漢字で書けば「御器嚙り」です。「御器」というのは、蓋の付いた上等なお椀のことですが、お椀に付着した残飯に群がる様子が、「御器」まで食べ尽さんほどの勢いであることから、そのように呼ばれていたのです。

「ゴキブリ」が、もともと「ゴキカブリ」と呼ばれていたことを知らない現代人にとっては、がつがつと食欲旺盛な生物と見られていたという過去の生活の記憶は、忘却の彼方に追いやられたも同然であって、日本人と「ゴキブリ」の関係も、それにともない変化したことは、想像に難くないでしょう。

四 〈漢語〉と日本人

有史以来、日本人は長らく〈漢語〉と付き合ってきました。ですが、先にも指摘したように、〈漢語〉というのは中国から輸入された言葉であって、僧侶や貴族など、ごく一握りの人たちを除いては、一般には理解できない外国語だったのです。

しかし、何故に日本人は、多くの〈漢語〉を日本語の語彙の中に取り込むことに、精力的に取り組んできたのでしょうか。そこには、〈やまと言葉〉だけでは造語力に欠けるといったことが、多かれ少なかれ関係していたのではないかと想像されます。

初代の天皇とされるのは、神武天皇です。が、「神武」と称されるようになったのは、奈良時代後期以降のことで、漢学者の淡海三船（おうみのみふね）（七二二－七八五）が、歴代天皇に中国風の諡（おくりな）を一括して撰進した際に、この名が付されたと言われています。では、「神武天皇」以前に、どのように呼ばれていたのかと言えば、「かむやまといわれひこのみこと（神日本磐余彦尊）」（『日本書紀』）という、実に長ったらしい名前で呼ばれていたのです。

工夫次第で、どんなことでも〈やまと言葉〉で言い表せないことはないのでしょうが、たとえ言い表せるにしても、「かむやまといわれひこのみこと」のように、どうしても長くなってしまうことは避けられません。その点、表意文字である漢字を用いた〈漢語〉は非常に優れており、少ない文字数で意味を伝えるには便利な言葉と言えます。こうした利点をもつ外国語を積極的に取り入れたことで、日本語が造語力の点で飛躍的に向上したことは事実でしょう。

私の知り合いの中国人が、日本人のことを「変な中国人」と口癖のように言っていたことを思い出します。日本も漢字文化圏の国ですから、日本語と中国語の間に多くの共通語があるのは当然のことなのですが、知り合いの中国人によれば、日本人は中国人には予想だにしない意味で〈漢語〉を使っていると言うのです。

中国語で「手紙」と言えば、トイレットペーパーのことを指すと言いましたが、日本人は、たとえば「手紙の文面」といった言い方をします。「文面」は音読みですから、歴とした〈漢語〉のように思われるかも知れません。ところが、中国語で「文面」は、「顔に彫った入れ墨」のことを意味するのです。知り合いの中国人が、日本人のことを「変な中国人」と言っていた理由も、十二分に頷けます。彼らにしてみれば、「手紙の文面」などといった表現は、まったくもって意味不明(ナンセンス)なものにしか映らないのです。

とは言うものの、私自身は日本人が「変な中国人」であることを恥じる必要はなく、むしろ時間をかけて漢字の習得に努めてきたことの誇るべき成果として胸を張ってよいことではないかとすら考えています。つまり、日本人は、長らく漢字の習得に努めてきたことで、自分たちで独自の漢字（「畑」や「辻」等の和製漢字）や漢語（和製漢語、〈新漢語〉）を創り出せるまでに、中国由来の言葉を自家薬籠中のものにしてきたとも言えるということです。

近代以降に創出された〈新漢語〉以前にも、日本人は「切腹」とか「介錯(かいしゃく)」とかといった、独自の文化に根ざした〈漢語〉を創り出していたわけですが、〈漢語〉との長い付き合いを通じて培ってきた基礎のうえに、日本人の造語力が遺憾なく発揮されたのは、開国以降のことと言ってよいでしょう。

近代以降に量産された〈新漢語〉というのは、主に西洋語の翻訳語として生み出された漢語風の日本語のことです。"philosophy"の翻訳語である「哲学」、"communism"の翻訳語である「共産主義」、"individual"の翻訳語である「個人」（「個」）、"subject"の翻訳語である「主体」など、具体例を示せば、枚挙に暇がありません。

私が、日本人が漢字に精通して〈新漢語〉を独自に創造できるまでになったことを、むしろ誇るべきこととして捉えたいのは、日本生まれの〈新漢語〉の多くが、逆に中国に輸出され、現代の中国語に影響を与えているといった事実があるからです。たとえば、「共産党幹部」などという言葉なども、日本人によって生み出された〈新漢語〉の一つです。

現在、私たちの身の周りに溢れている〈新漢語〉の多くは、現代社会を機能させるのに欠かせない重要な位置を占めていると言っても過言ではありません。とは言え、「哲学」であれ、「個人」であれ、「主体」であれ、これらの翻訳語が、原語に含まれる重層的かつ多面的な意味のごく一部しか言い当てていないことも事実で、そこにはやはり訳語を介した理解の限界が指摘されなければならないように思われます。

“individual”に関して言えば、これは「分ける」を意味する“divide”という動詞に、否定の接頭辞in-を冠した単語です。そのことを根拠に、欧米人が理解する「個」というのは、社会を構成する要素として、それ以上細かく分割できない（in-divide）最小限の単位のことだ、といった説明がなされることがあります。しかしながら、言語の内側に分け入ってなされるこうした説明ですら、“individual”なる語を成立させた思想的背景を十分に押さえ切れているかと言えば、なお疑問の余地が残ります。なぜかと言えば、一見、個々にばらばらであるかのように見えて、実のところ無数の他者から構成される全体世界と切り離された存在（アトム）と見なすことのできない（individible）存在が、“individual”という概念によって押さえられてきたと解釈することも可能だからです。

このように、“individual”に込められた重層的で多面的な意味というのは、英語を母国語としていない人間には見えづらいでしょうし、ましてや〈新漢語〉のような翻訳語をとおしてしか外国由来の概念に触れてこなかった日本人に、欧米人のような「主体」や「個」を確立することの重要性をいくら力説してみたところで、生半可にしか理解できないのも、無理からぬ話なのではないでしょうか。

五　〈カタカナ語〉の功罪

「モラル・ハラスメント」、「コスト・パフォーマンス」、「リストラクチャリング」等々、数年前までは耳にすることのなかった〈カタカナ語〉が、続々と日本語の語彙に加わり、いっぱしの社会人として生活していくのに知らないでは済まされない鍵語となっているというのが、現代という時代に指摘できる顕著な特徴の一つと言えます。

　ただ、外国語を音写したに過ぎない言葉というのは、すでに述べたように、仏教の経典中にも数多く見られますし、近代以前に伝来したポルトガル語なども、多くは音写語として日本語の中に取り込まてきたのです。

　仏教で「最高のさとり」を言い表す言葉に、「阿耨多羅三藐三菩提（あのくたらさんみゃくさんぼだい）」というのがあります。漢字を見ただけでは、まるで意味がわからないでしょうし、そもそもなぜこんなにも長ったらしいのかと、内心、訝（いぶか）しく感じる人もいるでしょうが、これも古いインドの言葉が音写されたものなのです。ただ、仏典では、多くの場合、音写語とともに翻訳語も併用されてきました。「阿耨多羅三藐三菩提」に対しては、「無上正等覚」などといった漢訳が存在しますし、「仏陀」は「覚者」、「阿弥陀仏」は「無量寿仏／無量光仏」などと意訳されることもしばしばです。また、「煙草」、「合羽」、「金平糖」などのポルトガル語の音写語にしても、漢字を見ればある程度は想像がつくような配慮がなされていると言えるでしょう。

　とは言え、外国から輸入された概念のうちには、一筋縄では訳せないものも多く含まれています。それでも、たとえば「コーラ」とか「コーヒー」、「オムレツ」などといったモノの名前であれば、無理に訳語を捻出する必要もないのかも知れません。しかし、思想的な事柄に関わるような概念が〈カタカナ語〉として日本語に加えられる場合には、さまざまな弊害が容易に予想されるのではないでしょうか。

「モラル・ハラスメント」、「コスト・パフォーマンス」、「リストラクチャー」などにしてもそうです。これらの英語に、簡潔で的確な訳語を案出するのは易しいことではないでしょう。そのせいか、現代では、外国語をわざわざ漢語風に訳すなどという面倒なことはせず、〈カタカナ語〉として日本語の中に取り込まれる傾向が非常に目立ちます。

そうした事態を進行させてきた背景には、無論、訳出が難しいという理由もあるのでしょうが、〈カタカナ語〉に少し耳が馴れてくると、日本人は「モラハラ」、「コスパ」、「リストラ」などといった具合に、もともとの言葉が何だったのか、推し量ることすら困難なかたちに言葉を作り替えることで、外来語の日本語化をさらに加速させてきたとも言える。そしてさらには、「ワンパターン」とか「フリーター」など、既存の外国語に起源をもたない、まったく新奇な〈カタカナ語〉、いわゆる和製英語を創造するまでに至っています。前者は、英語では“repeating the same pattern”、後者は、“person who does part-time job only”であって、これらの〈カタカナ語〉に相当する英単語は、どこにも存在していないのです。

良く言えば、これらは日本人の卓越した造語力のなせるわざとも言えるのでしょうが、そのことが、背後の思想の見えない、身体性や生活実感に根ざさない言葉で溢れ返る日本語の現状を生み出す一因となってきたことは否めないように思われます。加えて、昨今では、そうした事態の進行に拍車をかけるように、従来〈新漢語〉が用いられていた言葉までもが、「蹴球」から「サッカー」へ、「同意」から「コンセンサス」へといったように、〈カタカナ語〉に取って代わられるケースもめずらしくありません。「蹴球」とか「同意」などの〈新漢語〉であれば、漢字を見ればどんな意味なのか、おおよその見当はつくにもかかわらずです。

じっくりと時間をかけて〈漢語〉の素養を身につけてきたのに比べれば、西欧語の理解がまだ表面的なものでしかないということは、日本人が創り出した〈新漢語〉が、中国人に受け容れられてきたのとは対照的に、欧米に逆輸入されるだけの水準をもつ和製英語は皆無に近いという現実からも、うかがい知ることができるのではないでしょうか。

ちなみに、先に例示した「オムレツ」というのは、「素早い男」という意味のフランス語です。なぜ、あの黄色いふわふわの卵料理が「素早い男」なのか、ほとんどの人には、皆目見当がつかないことでしょう。この料理名の由来は、ハンティングの途中でお腹を空かせた主人が、家来に何か料理を作ってくれるよう頼んだところ、たちどころに提供されたことに驚いて、"quel hommeleste!"（「何と素早い男だ！」）と叫んだことにあるそうです。「オムレツ」という言葉にそんな意味があったとは、フランス語の知識をもたない人には、予想だにし得ないことに違いありません。

六　母国語は知恵の宝庫

日常会話の中で頻繁に使われる言葉の一つに、「がんばる」というのがあります。そして、大概の人は、この語をもっぱら肯定的な意味合いで用いています。ですが、「がんばる」は、漢字で書けば「頑張る」です。「威張る」、「意地を張る」、「見栄を張る」、「突っ張る」、「鯱(しゃちこ)張る」、「頬張る」、「出しゃ張る」、「嵩(かさ)張る」等々、「張る」を含む言葉には、どちらかと言えば否定的な意味合いで使われるものが多いのも事実で、「頑張る」に関して言えば、「頑なに張る」わけですから、良い意味だったはずがない。ところが、「頑張る」は、現在では、もっぱら肯定的な意味合いで用いられているというのは、考えてみれば、ずいぶん不可解なことだと言ってよいのではないでしょうか。

一方、現代の日本社会では、他人を非難するときなどに、よく「適当だ」とか「いい加減だ」といった言い方がされます。けれども、「適当」は、書き下せば「当(まさ)に適(かな)うべし」ですし、「いい加減」にしても、熱すぎず冷たすぎず、強すぎず弱すぎず、「ほどよい加減」を意味したはずです。これらの〈漢語〉に込められていた本来的な意味合いは、「不適当」に対して「適当」と言われるときや、「いい加減にしなさい」とか、「いい湯加減」などといった言い回しの中に、その名残をかろうじて止(とど)めてはいますが、それでも大抵の場合は、否定的な意味で使われているのが現状なのです。

人はいつの時代にも、新たに言葉を生み出してきました。言葉が新たに生まれ、それが人びとの間で長く使用されていくためには、多くの人にその言葉を生み出した思想的な背景が理解され、共感をもって受け容れられることが不可欠です。しかしながら、せっかく多くの人びとの共感を獲得して、運良く社会に定着した言葉も、背景をなす世界観が見失われていくのに比例して記号化が進み、そこにあらぬ誤解が入り込むなどして、価値の反転が起こるとか、意味がまったく変容してしまうといったことは、日常語だけに限ってみても、事例に事欠かないのです。

もっとも、変化を免れないのが世の常だとすれば、時間の経過とともに言葉の意味が変化していくのは致し方ないというのも、あり得べき一つの意見なのかも知れません。ですが私は、連続性を踏まえたうえで変化を受け容れるのならばまだしも、背景をなす世界観が見失われた結果として起こる意味の反転や変容には、十二分に注意する必要があると考えています。

近年よく耳にする、「あけおめ」、「ことよろ」などの若者言葉は、その典型例と言えるでしょう。なぜ日本人は、「あけましておめでとう」を、新年の挨拶の言葉として使用してきたのかということをきちんと理解したうえで、くだけた言い方をあえてしてみるというのならば、それでもよいとは思うのですが、それが記号化の進行のなれの果ての現象であるとするならば、言葉を存在の住処として生きてきた人間を根底で支えてきた思想的な足場の崩壊を、いっそう加速させることになりかねないと思うのです。

人間存在と社会との関係を問い直すなどということを言い出すと、分厚い哲学書を繙(ひもと)いて、難解な思想と悪戦苦闘することは不可避であると考えてしまう人も少なくないでしょう。しかし、私に言わせれば、人間存在と社会との関係を問い直すのに、難しい哲学書を引っ張り出してくる必要などないのです。人間という存在について深く思いを致し、他者、もしくは自己と他者の総体であるところの社会との関係を見つめ直すのに役立つ知恵の多くは、身近にありふれた日本語、とりわけ〈やまと言葉〉の中から掘り起こすことができると考えるからです。その意味で、古くから使われてきた言葉や言葉遣いというのは、その社会に身を置いて生活してきた人びとが、どのように世界を見、また世界のさなかで自己をどう処してきたかを知るうえで、恰好の教材であると言えるでしょう。

明治期から大正期にかけて活躍した国文学者の芳賀矢一（一八六七－一九二七）は、国語には国民の精神性(メンタリティ)と社会とをつなぐ接着剤(にかわ)のような役割があると述べています。このことが意味するのは、社会なしには生きていけないのが人間である以上、言葉は人間にとって切っても切れないものであって、母国語を、それを育んできた歴史的・文化的な背景を踏まえて使用するよう努めることが、そこに暮らす人びとの精神や社会秩序の維持に重要な役割を果たすということです。

日本人について、しばしば指摘されることの一つに、論理面での弱さということがあります。けれども、論理の面で弱いということは、感情の面では豊かであるということの裏返しと言えなくもない。現代の日本語は、ルーツの異なる四つの言語で構成されていると言いましたが、なかでもとりわけ日本人の感情面をうまく掬(すく)い取り、表出することに長けているのは〈やまと言葉〉であると考えられます。本書において〈やまと言葉〉が中心的に取り上げられるのは、まさにそうした理由によります。

私が本書で目指すことは、唯一の正しい答えを探り当てることでも、明快な結論を示すことでもありません。私が本書で試みたいのは、さまざまな角度から、私たちが日頃慣れ親しんできた日本語に光を当てることで、日本人のものの見方を浮かび上がらせるということにほかなりません。そのことが、自己と他者によって織りなされる世界との関係を、各々が各々の身に照らし合わせて掴み直すヒントないし契機となり、一人でも多くの人が、前向きに明日を生きられる力を引き出すことができたならば、私の目論見は果たされたに等しいと考えています。

第一章　日本人の「自己」の構造

一　近代以前に立ち返る

政治学者の丸山眞男（一九一四－一九九六）は、『古事記』『日本書紀』（記紀）以来の歴史叙述の分析を通じて、日本人の発想の根底に、意思よりも物事のなりゆきを、物事の筋道や道理よりもその場の勢いを重んじる向きのあることを明らかにし、それを「歴史意識の「古層」」と名づけました。丸山の分析によれば、世界中のさまざまな神話には、大きく分けて「なる」、「うむ」、「つくる」の三つの宇宙創世の説明原理を認めることができるとされます。そして、こと日本人の「歴史意識の「古層」」においては、「なる」はたらきが重要視され、その他のはたらきには、それほど重きが置かれてこなかったと言うのです。

「うむ」とか「つくる」とかいったはたらきは、基本的に人為的な行為に属するものと考えられます。したがって、これらの動作には、つねに主体に相当する何かが想定されることになります。

一方、「なる」というのは、非人格的・非人為的な、言わば「おのずから」のはたらきを指す原理です。そのため、ある事態が出来（しゅったい）した場合、「なる」はたらきを基層に据えて物事の生成を捉えてきた日本人は、それを、ひとりでにそうなったこと、致し方のないことと受け止めがちで、起きてしまった事件については、個人の責任は問えないし、責任など負えるはずもないと開き直ってしまうようなところがある。そのことが、日本人の主体性の欠如、ひいては社会における「無責任の体系」を生み出す元凶となってきたというのが、「古層」論で展開される批判のポイントとなっているのです。

私も、そうした性格が日本人全般に見受けられることは事実だと思いますし、「古層」論が、日本人の思想が抱えてきた宿痾（しゅくあ）を抉り出していることは間違いないだろうと考えています。

実際、丸山の「古層」論を下敷きとして言われてきたことに、欧米人に比べて日本人は著しく主体性に欠けており、とかく無責任であるといったことがあります。とは言え、そのことがはたして日本人が是が非でも克服しなければならない弱点であるとまで言えるかどうかは、私にはいささか疑問に感じられます。少なくとも、日本人の主体性や責任をめぐる議論が、そのような性格のものから抜け切れないでいる間は、だから日本人はもっと欧米人を見倣って成熟した「個」の確立に努めるべきだ、などといった自己否定的な方向にしか、話が展開していかないように思うのです。

「古層」論を展開する中で丸山が終始念頭に置いていたことの一つに、戦時期の軍部に見られた「無責任の体系」があります。戦時期の日本の軍部が、出来事に対して責任を取ろうとする主体を明確にしないまま、次から次へといきおいに任せ、歯止めの利かない事態を生じさせたことは否定できません。さらに丸山が軍部の無責任さに対して差し向ける批判の眼差しは、そのまま現代の日本社会や日本人が陥りがちな無責任さに対する根本的な批判ともなっていることも見逃せません。現に、日本人ならではとも言える「無責任の体系」は、今日も飽くことなく繰り返される組織の不祥事や隠蔽体質などに、如実に見て取ることができるのではないでしょうか。

戦後の日本社会で、「無責任」という言葉が強めの非難語として用いられるようになった理由の一つに、戦時期における軍部の暴走という苦い経験への反省があったことは確かでしょう。そこで、多くの真面目な日本人は、いっそう責任ある「個」としての主体的な生き方を目指さなければならないと考えるようになった。しかしながら、「主体」とか「責任」とかといった概念自体が、そもそも西欧からの借り物でしかないのですから、責任ある主体的な生き方を目指せば目指すほど、意気込みだけが虚しく空回りしてしまうのは、ほとんど不可避な事態だったと言えるでしょう。

したがって、「責任」とか「主体」などという概念が〈新漢語〉として日本語の語彙に取り入れられる以前に、日本人が自己と自己を取り巻く世界との関係をどのように捉えていたのかについて、性急に結論を求めようとするのではなく、遠回りであっても地に足の着いた議論をしたいのであれば、ここは是非とも古くから使われてきた日本語に立ち帰って、そこで共有されてきた世界観を問い直すことから着手する必要があるというのが、本書における基本的な構えになってくるのです。

これは、倫理学者の竹内整一（一九四六－）さんが、『「おのずから」と「みずから」――日本思想の基層』という著書の中で指摘されていることでもあるのですが、日本人の「個」のありようを再考するにあたり、一つの取っかかりとして注目されるのが、「自」という漢字の読み方です。

二 「おのずから」か「みずから」か

「自」は、「おのずから」とも「みずから」とも訓読することが可能です。「訓読する」というのは、和語の発想に沿って理解するということでもあるわけですが、「自」が「おのずから」と訓読される場合には、通常、不可避的で必然的、かつ運命的な受動性が、それに対して「みずから」と訓読される場合には、人為的、意志的な主体的行為の能動性が読み込まれることになり、両者の意味は明確に区別されることになります。すなわち、前者においては、「おのずからそうなった」という意味に、後者においては、「みずから（主体的に）そうした」といった意味にです。これを丸山の「古層」論に引きつけたかたちで言い直すとすれば、「おのずから」には、「なる」原理、「みずから」には、「うむ」や「つくる」の原理に通じる作為性を指摘し得るとも言えるでしょう。

このように、「自」なる概念は、和語（〈やまと言葉〉）で理解される場合には、意味的に相反する二つの方向性を生じさせることになってしまう。そのため、どちらの意味で理解するのが正解なのかともどかしさを感じる人も、少なからずいることでしょう。しかし、少し冷静になって考えてみれば、「おのずから」と「みずから」を意味的に分け隔てる境界線というのは、きわめて曖昧なものでしかないことがわかってくるはずです。哲学者の九鬼周造（一八八八－

一九四二）が、「日本的性格」という論考の中でつとに指摘してもいるように、「「みずから」の「身」も「おのずから」の「己」もともに自己としての自然」であって、「おのずから」の「おの」は「己（おのれ）」を、「みずから」の「み」は、「身」を意味していたと考えられるからです。「おのれ」というのは、第一義的には「自己」のことを指すのでしょう。その「自己」が、「身」と離れてある存在であるということは、原理的にはあり得ません。このことが示唆しているのは、要するに、「己（おの）ずから」であれ、「身（み）ずから」であれ、初源的にはどちらも「己が身」を媒介として発現される主体的なはたらきであることに変わりないと見られていたということです。

　だとすれば、そこから必然的に以下のような理解が導かれてくることになるのではないでしょうか。すなわち、人間が「身（み）ずから」主体的に「うむ」、「つくる」といった営みと、自然の「己（おの）ずから」「なる」はたらきとは、元来、不可分の関係にあるものとして捉えられていたということ、換言すれば、「うむ」とか「つくる」といった、身体を用いて「みずから」なされるどんな行為であれ、究極的には、人間の意図やはからいを超えた、より大きな主体として想定されるところの「おの」なるものが「おのずから」「なる」はたらきを俟たずしては成り立たないといった理解です。

　のっけからはっきりしない、ややこしい話になってしまって恐縮ですが、「ニワトリが先か、タマゴが先か」といった議論に近い、とりとめもない話に不満や苛立ちを覚えてしまう人がいるとすれば、私としては、正直、その人があまりに近代的思考に馴致され過ぎているせいではないかと感じずにはいられません。

　江戸時代前期の儒学者、伊藤仁斎（じんさい）（一六二七－一七〇五）が著した『中庸発揮』という書物に、次の記述を見ることができます。

　其の之を祖述する者は、是れ自ら之を祖述す。憲章する者は、是れ自ら之を憲章す。

難解な文章なので、議論の俎上に載せるのは傍線の部分だけにしておきますが、この箇所の読みとしては、以下の二通りが可能でしょう。一つは、「自」を「みずから」と訓じて、「そのこれを祖述する者は、これみずからこれを祖述す」とする読み方、それともう一つは、「自」を「おのずから」と訓じて、「そのこれを祖述する者は、これおのずからこれを祖述す」とする読み方です。

仁斎自身、どちらで読めとは、特に指示していません。とは言え、どちらの読み方を採用するかで、意味が一八〇度変わってきてしまうように思われるため、私たちとしては、どちらで読むのが正しいのかと、つい正解を求めたくもなる。けれども、考えてみれば、どう読むべきかについて何の指示もなされていないということは、仁斎をはじめ、近代以前に生きていた人たちにとっては、どちらで読もうがさしたる違いはないと見られていた、とも解釈できるのではないでしょうか。

こうした事例一つとってみても、日本人は元来、「みずから」としての主体的自己と、「おのずから」としての客体的自然とを、不可分一体のものと捉えてきたことがうかがわれるわけですが、同時に、そうした曖昧さの中で暮らしてきたために、自己と他者ないし自己と世界とは、日本人にとっては、截然と分かたれる必要のないものとして捉えられてきたというふうにも考えられるのです。

日本人にとって自他を分かつ境界が、いかにあやふやで不明確なものであるかについては、日本語の人称代名詞を例に考えてみれば、案外、頷けるところが多いように思われます。

実際、日本語の人称代名詞の中には、一人称（私、私たち）から二人称（あなた、あなたたち）に容易に転じ得るものや、単数だか複数だかの区別がつきにくいものなど、指示する境界が相当に流動的で曖昧なものが少なくありません。

たとえば、「おのれ」とか「手前」がそうです。「おのれの力を誇示する」とか、「手前味噌ですが」などといった表現の中では、いずれも一人称の代名詞として用いられます。ところが、「おのれ、小癪（こしゃく）な！」とか、「てめえ、何しやがるんでぇ！」などと相手に凄む場合などは、どういうわけか、二人称の代名詞に転じることになる。同じことは、「自分」という言葉についても指摘できます。「自分は大工の倅（せがれ）です」などと言われる場合には、「自分」は、無論、一人称です。けれども、関西語圏などでは、目の前の相手に直接語りかける際に、「自分、最近どうよ？」などといった言い方がされることも、めずらしくないのです。

また、単数であるか複数であるかの線引きにおいても、かなり曖昧な性格が見受けられます。明治期から大正期にかけて書かれた文章の中には、「吾人（ごじん）」という人称代名詞がしばしば登場します。これなどは、文脈に応じて、「私」の意味にも、「私たち」（「私ら」、「私ども」）の意味にもとれる言葉の代表例と言えるでしょう。

通常、「たち」とか「ら」とか「ども」などの接尾辞は、名詞に接続することで、複数であることを表します。たとえば、法的な責任が問われるような場合であれば、「私」がした行為なのか、それとも「私たち」(「私ら」、「私ども」)がした行為なのかは、重要な争点になってきます。ですが、いまでも時々使われることがある「おいら」という一人称の代名詞などは、「ら」を含んでいるにもかかわらず、単数の意味で用いられてきたのです。

同様に、「子ども」や「友だち」という言葉なども、「ども」という接尾辞をともなっている以上、複数の意味としたいところですが、通常は単数の意味で使われています。そして実際、関西語圏には、いまでも「子ども」のことを丁寧に言うとき、ひとり子であっても、「お子たち」と表現する地域があるくらいなのです。

要するに、近代以前の思考様式の中で暮らしてきた日本人にとっては、単数であるか複数であるかといった問題をはじめとして、現代に生きる私たちほど自他の区別に頓着していなかったということ、別言すれば、「己」と「身」とを不可分のものと捉える発想の中で、日本人は長いこと自他という存在を考えてきたということです。

三 「出で来る」世界

「主体」とか「責任」とかといった、西欧の思想文化に由来する諸概念が、近代以降の日本人にどのように理解されてきたかといった問題を論じるにあたって、自己と他者、あるいは自己と世界とは、もともとそれほど厳密には区別されてこなかったという事実は、この先の議論の展開において、非常に重要な布石になるものと考えられます。

以下、本章では、日本人の自己を深いところで支えてきたと思われる、「おのずから」が「みずから」であり、「みずから」が「おのずから」でもあるといった発想について、出来るだけ身近な日本語表現を素材に、日本人の自己認識のありように多方面から光を当てながら考察を進めてくことにしたいと思います。

「おのずから」と「みずから」という、一見、逆の方向性をもつはたらきが渾然一体となった日本人の自己意識の特徴的なありようをうかがうことができる言葉として、私にすぐ思いつくのが、「れる／られる」という助動詞です。

助動詞「れる／られる」は、文脈に応じて、「受身」、「自発」、「可能」、「尊敬」など、互いに何の関連もなさそうな種々の意味に用いられます。一つの単語が、このような多義性を示し得るのは、いったいどういった理由によるのでしょうか。そこには当然、これら多様な意味の展開を可能ならしめる構造があるからだと考えるのが、まずは真っ当な仮説だと言えるでしょう。

① 私は今のあなたから夫れ程に思われるのを苦しく感じています。
② 晴れた空が身に沁み込むように感ぜられる好い日和りであった。
③ 左右さね、私が代られれば代ってあげても好いが。
④ そりゃ先生も左右認めていられるんだから、大丈夫です。

ここに挙げた四つの例文は、いずれも夏目漱石（一八六七－一九一六）の小説『こころ』からの引用で、荒木博之『やまとことばの人類学』の中で例文として採用されているものです。

ひとまず、①は「受身」、②は「自発」、③は「可能」、④は「尊敬」の意味であると理解して構わないかと思いますが、とりわけ、①の「受身」と③の「可能」、あるいは②の「自発」と③の「可能」との間には、意味的に大きな隔たりがあるように感じられてしまうのではないでしょうか。と言うのも、③の例文では、「私」という存在は「代わる」という行為をなす「主体」として位置づけられているのに対して、①の例文では、「あなた」から好意を寄せられる「客体」として、また、②の例文においても、世界からのはたらきかけを受ける「客体」として位置づけられているからです。

私たちもよく使う「れる／られる」という日本語の助動詞に、①の「受身」と②の「自発」の意味が共存可能な理由に関しては、前節で確認した「自」の構造を踏まえれば、どうにか説明はつくように思われます。②の「晴れた空が身に沁み込むように感ぜられる」というのは、その人の身だけに経験された、特殊で個別的な出来事です。しかし、いくらその人の身だけに経験された出来事であるとは言っても、その人が意図して為した、主体的行為の結果として得られた経験でないことは明白です。そこには、個人的な意図とは関係なく、その人の感覚を刺激してやまない、「おのずから」の側からのはたらきかけが想定されていることは間違いないからです。そのため、②の「自発」には、己が身に経験されたことは、「みずから」を超えた世界からの促しを受けた「おのずから」の結果であるといった、①の「受身」に重なる発想を見て取ることが可能になってくるのです。

では、助動詞「れる／られる」が、③のような「可能」の意味をもち得るのは、そこにどのような論理が内在しているからだと理解すればよいのでしょうか。

③の「私が代られれば代ってあげても好いが」といった表現には、「私」の決断、「私」の振る

舞い方次第では、「代わる」こともあながち不可能ではない、といった含みが感じられます。しかしながら、実際、私たちはどの程度まで「みずから」が主体的に決断し行為することで、事をなし遂げられているのでしょうか。かりに、「みずから」の決断と行為によって、何事かを首尾よくなし遂げられたと実感されたとしましょう。ですが、そのような場合でも、「みずから」がなしたことと、なし遂げられた事柄の関係について、よくよく反省してみれば、そこには自分だけの努力の結果とは言い切れない面があること、すなわち、無数の縁を通じてもたらされた「他」からの助力なくしては、事の成就はあり得なかったとの反省に至らない人が、はたしてどれほどいるでしょうか。私たちの心身からして、両親ないし先祖からの授かりものなのです。その意味でも、努力をして何事かをなし遂げられた「みずから」の能力そのものが、自分以外の「他」から賦与されたものであるということは、誰しも認めざるを得ないのではないでしょうか。

ところで、助動詞「れる／られる」が「可能」の意味のときには、「できる」に置き換えることが可能なので、③の例文の「私が代られれば」を「私が代ることができれば」と言い換えたところで、何の支障もないはずです。「できる」というのは、「出（い）で来（く）る」、「出来（しゅったい）する」という意味で、「なる」ということにほかなりません。だとすれば、「代ることができれば」と言われる場合の「代る」という事態は、どこから出来したと想定されているのでしょうか。

確実に言えることは、「私」から出来したのではないということ、自己以外の「他」なる「体」から「おのずから」出で来たとしか言いようがないということです。そのため、「できる」という表現が用いられる際には、そのことを意識するとしないとにかかわらず、この私を超えた「他」なる力のはたらきがどこかで感受されていると言って過言ではないように思われるのです。

とは言え、何らかの事態が「出で来る」という現象が、「みずから」の主体的決断や行為とまるっきり無関係に生じるかと言えば、決してそのようには受け止められてこなかったことも確かなようです。

たとえば、「逆上がりができた！」などと言われる場合がそうです。この表現には、逆上がりをしようとする人間の主体的・個人的な努力が、主体的・個人的な努力を超えた「おのずから」のはたらきと結びついたとき、逆上がりの成功という成果として「みずから」にもたらされた、といったことが含意されていることは明らかだからです。要するに、現実世界で何かが実現したり現象したりするときには、まずもって行為者によるはたらきかけが不可欠なのであって、そうした主体的行為に「他」なるものとしての世界が反応するところに、はじめて事態が出来（しゅったい）するといった発想が、〈やまと言葉〉を母語として生活してきた人びとの間で広く共有されてきたということです。

世界に現実に起きた事態のことを、日本人は「出来事」と称してきました。日本人にとっては、自然災害も「出来事」ならば、殺人事件も「出来事」なのです。このように、事態の発生を「出来事」と見る見方を支えてきた基底には、現実に経験されるどんな事柄であれ、何らかの主体的なはたらきかけに「おのずから」としての世界が呼応して生じたものとする発想があるものと推測されるのですが、見逃せないのは、そこには③の「可能」の意味のみならず、①の「受身」や②の「自発」の発想に通じる世界観を見て取ることができるということです。

このように、助動詞「れる／られる」の構造を分析することで、人間はつねに「出で来る」世界のただ中に身を置きつつ、何かを為しているといった思想的な了解が見えて来るのですが、こうした基本了解の中から「受身」、「自発」、「可能」等の意味の違いが生まれてくるのは、いったいどういった理由によるのでしょうか。

私は、「れる／られる」が意味の違いを生じさせるのは、畢竟（ひっきょう）、「みずから」の行為が、「おのずから」の世界に及ぼす（と想定される）影響力の差によるのではないかと考えます。つまり、主体的な意思や行為の関与が限りなく小さく、かつ行為者「みずから」の意思とはほとんど無関係に事が起こったと見られる場合には「受身」、主体的意思とまでは言わないまでも、「おのずから」の世界に身をさらすことで、そこから何かを感受しようとする姿勢が僅かでも認められる場合には「自発」、「おのずから」の世界に対して「みずから」のはたらきかけが積極的になされる場合には「可能」の意味になるのではないか、ということです。

以上の分析から、助動詞の「れる／られる」が、①「受身」、②「自発」、③「可能」の三つの意味に展開する理由に関しては、私なりに合点がいく気がするのですが、これがなぜ「尊敬」の意味になるのかに関しては、さらに踏み込んだ考察が必要であるように思われます。

四　初発の出来事

外部の世界にはたらきかけ、事の出来を引き起こす主体として想定されるのは、人間だけとは限りません。「風が吹いて草木が靡（なび）く」といった現象にしても、主体のはたらきかけと客体（外界）とが接触するところに生じる「出来事」として押さえられてきたのは確かだからです。

「風が吹いて草木が靡く」と言われる場合、はたらきかける主体は「風」、作用を受ける客体は「草木」で、そこにおいて生じるのが「靡く」という現象であると理解されます。文法上の理解としては、それで特に問題はないのでしょうが、なかには飽くなき探求心に駆られて、次のような疑問をもつ人がいたとしても不思議ではないでしょう。すなわち、風が草木を靡かせる以前に、風が吹くという現象が起こった背景にも、やはり何かによる主体的なはたらきかけと、それを受ける対象とが存在していたに相違ない、といった疑問です。

一説によれば、宇宙はビッグ・バンからはじまったと言われます。この説によるなら、宇宙はビッグ・バンにより誕生したのですから、当然、それ以前に宇宙などなく、したがって、何一つ存在しなかったということになるのでしょう。しかしながら、私としては、そうした説明には、到底、同意しかねます。ビッグ・バンにしても、それ以前に存在していた何かに刺激が加えられたことで引き起こされた現象だと思案せずにはいられないからです。

もっとも、そうしたとりとめのない思考をめぐらしてきたのは私だけではなく、古今東西を問わず、多くの人が似たようなことを考えてきたようです。

ともあれ、はたらきかける主体とはたらきかけられる客体との間の因果の連鎖をとことん遡及していくことで、私たちの思考は、最後にはそれ以上さかのぼることのできない究極の初源があったと想定したくなると言うか、そう信じざるを得なくなるというのは、人類にとっての普遍的な事実と言ってよいのではないでしょうか。

現に私たちは、記紀神話の中に、その種の飽くなき探究心の果てに古代の日本人が行き着いた、初源をめぐる思索の一つの答えを見ることができます。

まず『古事記』には、冒頭に、「天地初発之時（あめつちはじめてひらけしとき）」という言葉で切り出される、世界の初源に関する記述が確認できます。そして、この書き出しの言葉に引き続いて、どんな言葉が記されているかと言えば、「高天（たかま）の原に成れる神の名は、天之御中主神（あめのみなかぬしのかみ）」というのがそれです。要するに、『古事記』では、「天地初発之時」に「高天の原」という場所と、「天之御中主」という名前の神様が唐突に登場してくるのであって、「天地」はいかに創造されたのか、はたまた誰が（何が）どのように「高天の原」を創り出し、「天之御中主」を生み出したのかなど、私が知りたい肝心な点については、何一つ触れられてはいないのです。

片や、『古事記』よりやや遅れて成立した『日本書紀』の冒頭には、「開闢之初（かいびゃくのはじめ）」について説明らしきものが見られます。それによれば、ニワトリの卵の中身のように混沌としていて、陰と陽の区別すらなかったもののうち、清く明るくなった部分が「天」となり、重く濁った部分が「地」となったと記されています。「高天の原」もそのときに出来たものと推測されるのですが、そこで最初に誕生したとされるのが、「天之御中主」、「高御産巣日（たかみむすび）」、「神産巣日（かみむすび）」の性別のない三柱（みはしら）の神々です。そして、これら三柱の神々に続き、さらに同じく性別のない二柱の神が誕生したと記されているのですが、そのうちの一神は、国土がいまだかたちをなさず、水に浮いた脂のような状態で漂っていたときに、「葦牙（あしかび）の如く萌え騰（あが）る物によりて成れる神」と描写されているのです。

これら「天地初発」（「開闢之初」）をめぐる記述から知られるのは、要するに、世界の出現については、「うむ」、「つくる」という観点からは何ら説明されていないに等しいということです。そもそも、神々に性別がないとされていることからして、もっぱら「なる」原理に従い、ひとりでに生成したとしか理解しようがないのです。

その後、「うむ」、「つくる」といった主体的な行為を通じて「国生み」の事業に携わったのは、「成れる神」の後に出現した、「伊耶那岐」（男神）と「伊耶那美」（女神）の、性別をもつ二神です。伊耶那岐と伊耶那美は、「成れる神」の命を受けて「国生み」をする際、宙に浮かんだ「天の浮橋」の上に立ち、何らかたちをなしていなかった大海原に「天の沼矛」を突き刺して、「ころころ」と掻き回すということをします。そして、彼らが突き刺した「天の沼矛」を持ち上げると、矛先からぽたぽたと海の潮が滴り落ちるのですが、そのときに滴った潮が積もり積もって出来た島は、「オノゴロ島」と名づけられています。

「オノゴロ」というのは、「自凝」とも漢字表記されるように、「おのずから凝り固まってできた」ことを意味します。そのため、ともすれば、ひとりでに出来た島であるかのような印象をもたれるかも知れませんが、男女二神の最初の共同作業によって生まれ出た島であることは、紛れもない事実なのです。

このように、日本の神話では神々が暮らす「高天の原」とは別に、人間が暮らす「葦原中国」と呼ばれる地上の国が創られたとされているわけですが、以降、この世界において生じる一切の事象は、基本的に、為すことによりなった出来事、として語られていくのです。

それにしても、伊耶那岐、伊耶那美の二神は、なぜ性別を有するのでしょうか。そのあたりの理由や経緯に関しても、記紀では何ら語られてはいません。伊耶那岐と伊耶那美は、いわば「おのずから」男女になっているのです。神話の中で、「国生み」の事業について語られているのは、伊耶那岐が伊耶那美に、「吾が身の成り余れる処をもちて、汝が身の成り合はざる処に刺し塞ぎて、国土を生み成さむと以為う」がどうかと提案し、合意のうえで性的交渉をもったということだけで、それ以前の「うむ」、「つくる」という行為については、何も語られてはいません。

このことが示唆しているのは、人智でははかり知れない、「なった」としか言いようのない初発の事象に関しては、主体的になすはたらきかけを要しない「おのずから」の出来事と見なされるほかなかったということでしょう。

それゆえ、因果の法則から逃れられない存在である人間にとっては、因果の説明を必要としない、「おのずから」なる存在であるところの神々というのは、ひたすらに畏れ多く、尊きものとして崇敬の対象とされるしかなかった。言い換えれば、他のものに依ることなく、自己原因によって存立し得る存在というのは、人間にとっては因果の見通せない、限りある人知では想像すら及ばない、偉大な力を兼ね備えた存在であると感受されるほかなかったのではないかということです。

人間であっても、殿様のように非常に偉いとされる存在が人前に姿をあらわすことを、日本人は「上様の御成り」などと表現してきました。それは、家臣にしてみれば、殿様というのは、この上なく尊く、畏れ多い存在で、神々と同じく、おのずと「成る」存在に映ったからに違いないのです。

ずいぶんと遠回りをしましたが、前節の最後に示した疑問、助動詞「れる／られる」が「尊敬」の意味にもなるのはなぜかという疑問に話を戻せば、その理由はどうやらこのあたりに指摘できそうな気がします。④の「そりゃ、先生も左右認めていられるんだから」という例文に即して言えば、「左右認めていられる」といった「先生」の行為ないしは判断が、自分のような凡人には、到底見通すことのできない、複雑な因縁を背景にして導き出されてきたものと感受されているがために、そのことが、あたかも神々がおのずと「なる」初発の出来事のごとく捉えられているからではないか、ということです。

五 「あいあう」

このように、助動詞「れる／られる」は、「うむ」、「つくる」といった行為に携わる主体と、外界との関与の深浅に応じて、意味の違いを生じさせるのではないかと考えられるのですが、別の言い方をすれば、この世界の一切の出来事は、「おのずから」と「みずから」とが「適当」に触れ合い、「いい加減」に交わるところに起こる、ということでもあるのでしょう。

ただ、「適当」も「加減」も、どちらも〈漢語〉であって、〈やまと言葉〉ではありません。そのため、「適当だ」とか「いい加減だ」とかといった表現は、日本人の身体感覚や生活実感に深くは根ざしておらず、その分、誤解の入り込む余地が大きいことは否めないように思われます。「適当」は、〈やまと言葉〉に書き下せば「当(まさ)に適(かな)うべし」です。〈やまと言葉〉の「かなう」は、「かね（兼ね）あう（合う）」の約(つづ)まったもので、動詞「兼ねる」に、複数のものが相和(あいわ)して一つの事態を成就させるという意味があるうえに、「合う」という動詞がさらに付加されることで、兼ねて一つになった状態が、いっそう強調されていると見ることができるでしょう。

一方、「加減」を〈やまと言葉〉に置き換えるとすれば、最もしっくりくるのは、「あんばい」でしょうか。このことの妥当性は、「いい加減」が「いいあんばい」に言い換え可能なことからも判断できるように思います。

ところで、「あんばい」は、漢字で「塩梅」と表記されることがありますが、これはまったくの当て字です。と言うのも、存在と存在の間柄を意味する「あわい（間い）」という語が音変化したのが「あんばい」で、「あいあう（相合う）」の約まった動詞「あわう」が名詞化したものと見られるためです。「あわう」のもととなった「あいあう」には、「兼ね合う」（「かなう」）と同じく、複数のものを調和させるといった意味があります。一本の傘の下に男女が仲睦まじく収まることを、「相合い傘」などと言ったりします。この場合の「相合い」は、「あいあう」の名詞化したものと考えられます。

もう一点、事のついでに補足しておけば、「あいあう」の対義語は「あいせる（相競る）」で、そこから生じたのが、「あせる（焦る）」という動詞です。「みずから」が主体的に為したことと、「おのずから」のはたらきとが相合わず、競っている状態にあることを、日本人は「焦る」と表現してきたのです。

私は本書の序論で、「張る」を含む言葉には、否定的な意味で使用されるものが多いということを指摘しました。実際、「威張る」人、「欲張る」人というのは、周囲と「相合う」ことを良しとせず、頑なな態度を貫く人でもあるのですが、対照的に、「合う」を含む言葉には、肯定的な意味合いのものが多いという印象を受けます。具体的には、「兼ね合う」（「かなう」）、「語り合う」（「かたらう」）、「向き合う」（「むかう」）、「住み合う」（「すまう」）、「呼び合う」（「よばう」）、「佇み合い」（「たたずまい」）などがそうです。これらの〈やまと言葉〉には、複数の物事の関係を良い「あんばい」に配合し、「相合う」状態が実現されることを理想としてきた日本人の思想の特色が、如実に示されていると言えるのではないでしょうか。

「合う」を内包させた〈やまと言葉〉のうち、強いて否定的意味合いのものを挙げるとすれば、「叩き合う」（「たたかう」）でしょう。この場合には、決着がつくまで、互いにとことんやり合うことになるわけで、「あわい」の成就の理想に反することは明らかです。

良い「あんばい」に「あわい」が保たれた状態を、日本人は人と人との間の倫理的関係からだけでなく、美的観点からも高く評価してきました。平安貴族の女性に好まれた着物に、十二単衣（じゅうにひとえ）があります。彼女たちは、十二の色をうまく重ね合わせることで、全体として醸し出される微妙な風合いを楽しんだのですが、これなどは、「あわい」を美的に享受してきた日本人の姿勢の、わかりやすい例と言えるでしょう。

平安貴族の女性たちの間で、そうした美的感覚が共有されていたという事実の背後に、艶（つや）やかなる妖（あや）しさを「美」と受け止めてきた独特の感性があったことは見逃せません。「あやし」の「あや」には、曖昧ではっきりしないといった意味があります。「あや」と形容されるこの概念に、日本人は、「妖」のほか、「絢」、「彩」、「綾」、「文」など、さまざまな漢字を当ててきました。いずれにせよ、これとははっきりと指し示すことのできない曖昧さを含む美的観念が、「あや」という言葉で表現されてきたということについては、争う余地がないのです。

しかしながら、他方で、「怪（しい）」、「危（うい）」、「殺（める）」など、「あや」には、審美的な性格と全く相容れない、明らかに否定的な意味合いをもつ漢字が当てられてきたことも事実です。このことが何を物語っているかと言えば、曖昧ではっきりしない様子というのは、美的鑑賞の対象とされてきたのと同時に、主体的な関わりによって営まれる日々の生活世界においては、はっきりとせず秩序が見出せないために、予測不能な忌むべきありようとしても認識されてきたということ、言い換えれば、「おのずから」の世界の本質を「あや」と見て、そのありようを愛翫（あいがん）してきた一方で、はっきりとは見通せない「怪しい」世界を忌々しいものとして遠ざけ、距離を置こうとしてきたということです。

要するに、「あわい」を生きるというのは、論理的には相容れない複数の思想や感性の狭間で、「A」か「B」かと無理に白黒つけるのではなく、「適当」かつ「いい加減」、良い「あんばい」に物事をもっていく努力を通じて、各々が直面する現実を引き受けて生きていくということなのであって、そうした生き方にこそ、日本人の生活のあるべき理想が見据えられてきたと考えられるのです。

私たちを取り巻く現実は、時々刻々に変化して止むことがありません。そして何より、私たち自身が、不断に変化しつつある存在にほかならないのです。そうした現実の中で、身の周りの事物をほど良い「あんばい」に保って生きていけるかどうかは、ひとえに個々人の手加減や匙加減に関わる問題だと言えます。そうであるからには、そこに白黒つけた答えを持ち込むことが、いかなる事態を引き起こすことになるかは、想像に難くないでしょう。

六　「おかげさま」という発想

とは言え、日本人は「みずから」がなす主体的営みの裏面に、「おのずから」への眼差しを保持した「あわい」という発想の中で生きてきた、などと言われても、そんなことは自分はこれまでいちども意識したこともないし、思い当たる節もないと感じられる人も少なくないでしょう。

いかに自分自身が「あわい」の思想の強い影響下で物事を捉えてきたかを確かめたければ、常日頃、慣れ親しんできた日本語表現と英語表現とを比較してみるのが、最も手っ取り早い方法かも知れません。

試みに、次に挙げる三つの英文を、日本語に訳してみてください。

① My wife has been away from me.
② My husband has passed away.
③ I made tea for you.

学校の英語のテストの答案であれば、①「妻が私のもとから去っていった」、②「私の夫が死んだ」、③「私はあなたのためにお茶を淹れた」とでも訳しておけば、十分にマルはもらえるでしょう。ただ、それだといかにも直訳といった感が拭えず、日本語表現としてどこか不自然だといった印象がつきまといます。私なら、ここは①「妻に逃げられた」、②「夫に先立たれた」、③「お茶が入りました」と、より自然な訳をつけたいところです。

①の英文で言われているのは、私に愛想を尽かした妻が私を見捨て、私から離れていったということです。私に対して妻がとった行動を、第三者の目線で客観的に記述するのなら、それで特に問題はないでしょう。しかし、私一人称の視点から私に対して妻がとった行動を見た場合には、妻にそのような行動をとらせた原因は、当然のことながら私にもあったはずで、妻との間の直接的な関係をはじめとして、その他諸々の複雑に入り組んだ関係性の中で起こった出来事であ

ることは明らかです。

同じことは、②の「夫に先立たれた」という表現についても言えます。そこに、夫との間の、個別的で特殊な関係性の中から生まれた、妻のさまざまな主観的な思いが込められていることは言うまでもありません。妻にしてみれば、夫との死別というのは、数ある死別の経験の一つではないはずで、死んだ夫と同じように、妻自身も死という事態から直接的な被害を受けた当事者の一人にほかならないのです。

では、③に関してはどうでしょうか。「私はあなたのためにお茶を淹れた」という直訳が、事実の正確な記述であることは間違いありません。しかしながら、実生活の中では、他人にお茶を出す場合には、「お茶が入りました」といった言い方がされるのが通常であって、このように恩着せがましい言い方をする人など、まずいないでしょう。

けれども、「お茶が入る」というのは、何もしていないのにお茶がひとりでに入ったかのようで、考えてみれば随分と奇妙な表現だとも言える。なぜ、日本人はこんな奇天烈な言い方を好んで採用してきたのでしょうか。それはおそらく、お茶を出す側の人間としては、あたかもお茶がおのずと入ったかのような言い方をすることで、お茶を出された側の人間の心理的負担を、少しでも軽くしたいといった思いがあるからではないでしょうか。

さらに言うなら、このような持って回った日本語表現には、お茶を差し出される人間以外の存在に対する無限の感謝や心馳せが、多分に込められているものと思われます。具体的には、水を恵んでくれた天への感謝、茶葉を育んでくれた太陽への感謝、お湯を沸かすための薪を拾い集めてくれた人たち、急須や湯飲みを拵（こしら）えた名もなき陶工たちへの感謝等々、私が現実にあなたにお茶を差し出すことを可能ならしめた一つの行為の背後に無限に広がる世界に対する感謝の念が、こうした何気ない言葉遣いのうちに表出されていると見ることができる、ということです。

人びとの行為を支える背後世界に対する心馳せや感謝の思いは、「結婚することになりました」といった言葉遣いなどからも、うかがうことができるでしょう。「結婚すること」を決めたのは、無論、当事者同士です。にもかかわらず、事の成り行きでおのずとそうなったかのような言い方がされるのは、二人の努力の範疇だけには収まり切らない、数え切れない良縁のおかげであるといった思いが、どこかで感受されているからに相違ないのです。

私たちがよく口にする「おかげさま」という言い回しには、そのような、「みずから」の行為を成り立たせた無数の存在への感謝の気持ちが、はっきりと示されています。「結婚することになりました」という表現を例にとれば、自分たちを産み育ててくれた両親への感謝、二人が出会うきっかけとなった出来事への感謝、二人の交際を歓迎し、温かく見守ってくれた友人たちへの感謝等々、無数の他者のはたらきが、当人たちの努力と「あいあう」ことなくしては、結婚するという事態は決して実現しなかったであろうという思いが、「おかげさま」の五文字に凝縮されていると見ることができるでしょう。

ちなみに、「おかげさま」の「かげ」とは、光が遮られて暗くなった部分を指すだけではありません。「月影」、「星影」などと言われるように、「かげ」は日月星辰などから放たれる光のことも意味するからです。日光に関して言えば、人間のみならず、この世界のありとあらゆる存在のうえに分け隔てなく降り注ぎ、すべての生命を育むエネルギーの源が太陽です。したがって、「かげ」がもたらす恩恵というのは、地球上の生物はもちろん、広い意味では、風土や歴史の隅々にまで「おのずから」行きわたっているとしなければならないのです。

ただ、その際にくれぐれも誤解してはならないのは、「おのずから」と「みずから」とが表裏一体の関係をなしている以上、物事に主体的に取り組もうとする人為的営為をなおざりにして、軽々に「おかげ」を口にすることは許されないということです。その意味で、日本人の間に広く行き渡っている「おかげさま」という発想は、すぐれて人間的なものと言ってよいでしょう。

七　仏教の生命観

ところで、私たちは日本語をとおして外部の世界に向き合う際に、諸々の存在を「みずから」はたらきかける能力があるかないかといった観点から、二種類に分別してきました。もっとも、自分にはそんな心当たりはないと感じられる人もいるかも知れませんが、そのあたりのことは、私たちが補助動詞の「ある」と「いる」を、難なく使い分けられているということなどからも、知ることができるのではないでしょうか。

日本語表現では、通常、「本が置いてある」と言われるのに対して、「他人と距離を置いている」と言われます。また、「服が掛けてある」と言われるのに対して、「人が腰掛けている」といった言い方がされます。そして、これらの「ある」と「いる」を相互に入れ替えて使用することは、基本的に不可能なのです。

「ある」と「いる」の使い分けなど、日本語を母国語として生活してきた人間にとっては造作ないことです。しかし、これらの補助動詞の使い分けが、どんな原理や法則に基づいてなされているのかと問われて、即座に答えられる人が、はたしてどれほどいるでしょうか。現に、日本で一〇年近く暮している私の友人のアイルランド人は、日本語の中でも、「ある」と「いる」の区別はとても難しいと嘆いていました。使い分けの原理や法則を、外国人にも納得できるようきちんと説明してくれた日本人は、誰一人いなかったということでもあるのでしょう。

「ある」にも「いる」にも、ある事柄を観察することで得られた知見を、客観的事実として示すはたらきがあります。その点では、両者の間に決定的な違いはなさそうです。にもかかわらず、「ある」と「いる」の間に、確固たる使い分けが存在しているのは、どういうわけなのでしょう。

私見によれば、それは、そこに意志や目的のようなものが認知されているか否かによるものと推測されます。つまり、観察される対象に主意的なはたらきが看取されている場合には、「いる」が用いられるのに対し、別段、そのようなはたらきが看取されていない場合には、「ある」が用いられてきたのではないかということです。

「他人と距離を置く」とか、「腰掛ける」といった行為の主体は、あくまでも人間です。そこに主体的な意図や目的を想定し得ることは言うまでもありません。しかしながら、私たちは「犬が寝ている」とか「木が生えている」といった言い方もしますし、「電信柱が立っている」とか「電車が走っている」とかといった言い方も、当たり前のようにしてきたのです。

こうした事実が何を意味しているかについての私なりの解釈は、たとえ電信柱のような非生物であっても、発話者がそこに主意的な「情」のはたらきを感じ取っている場合には、「ある」ではなく「いる」が採用されてきたのではないかということです。

そのような日本人のものの見方に、仏教の思想が深く関与していることは間違いないと思われます。紀元前五世紀頃にインド（ネパール）の地で誕生し、その後中国大陸を経由して、約一〇〇〇年の時を経て日本に伝えられた仏教には、かなり早い時期から、世界の諸存在を、「情(こころ)」を有(も)つもの（「有情」）とそうでないもの（「無情」）とに分けて捉えるといった発想が認められるからです。

仏教において「有情」に分類されてきたのは、基本的には、人間ないし鳥獣までも含めた動物です。それに対して、山河、大地、木石などは、「無情」に分類されてきました。

初期の仏教思想の中で、世界を構成する諸存在にこうした区別が設けられてきた理由としては、仏の教えに接して救われるには、自分から発心(ほっしん)して真面目に修行に励み、自力で成仏する必要があると見られていたことが考えられます。悟りを開いて成仏するには、修行に主体的に取り組むことが大事だということならば、子どもにだって解る話でしょう。それにひきかえ、石ころや草木・国土など、意思のはたらきを認め難い「無情」でさえも、悟りを開いて救われる（成仏する）などというのは、さすがに荒唐無稽で受け容れ難い教説に感じられてしまう人の方が、むしろ大多数なのではないでしょうか。

「いのち」というのは、「息」を表す「い」と、「道」を表す「ち」、もしくは世界の根源的な霊力を表す「ち」を語源とする〈やまと言葉〉です。「いのち」をつなぐのに、呼吸をし続けていなくてはならないというのは、すべての「有情」にとっての宿命です。その際、外界から体内に取り込まれる空気は、特定の誰かの所有物ではありません。空気もまた、「かげ」と同じく、この世の生きとし生ける存在が分け隔てなく、平等に恩恵に与ることが許されているのです。

その意味で、一切の「有情」は、空気を分かち合うことで他者と世界を共有し、呼吸することを通じて地球上に生きる他者と絶えず交流していると言っても過言ではない。言い換えれば、そのようなかたちで外部世界からもたらされる恩恵を他者とともに分かち合うことで、「有情」ははじめて「いのち」をつなぐことができるわけです。しかし、呼吸をしない「無情」にはそうしたありようがあてはまらないかと言えば、必ずしもそうとは言い切れないのではないでしょうか。「有情」の「いのち」をつないでくれる存在に「いのち」がないと決めつけることの方が、むしろ理不尽だと私には思われるからです。

命をつなぐのに「有情」が必要としているのは、もちろん日光や空気だけではありません。平安時代に編纂された『後撰和歌集』の中に、次のような歌が収録されています。

常もなき 夏の草葉に 置く露を いのちとたのむ 蟬(せみ)のはかなさ

ここに歌われているのは、直接的には、夏の草葉のうえの僅(わず)かな露に、みずからの「いのち」を託して生きていくほかない、蟬のはかなさです。が、そうした「いのち」のはかなさは、私たち人間を含め、生きとし生けるものの「いのち」においても、例外なくあてはまるはずです。「有情」が「いのち」を維持していくためには、空気や水以外にも、食物として体内に摂取される有機物や、家屋や衣服などの素材に用いられる無機物に依存することが不可欠です。だとするならば、この世で「有情」の「いのち」を支えるあらゆる存在にも、同様に「いのち」が宿っているというのは、あながち荒唐無稽な発想でもないように感じられてくるのではないでしょうか。

ともあれ、こうした根本的（ラディカル）な生命観に立脚したうえで、あらためて「有情」と「無情」を区別してきた古くからの仏教の発想を見直すならば、「情（こころ）」の有無といった観点からなされる区別は、いまだ表層的なものに過ぎず、生命に対するより深い眼差しからすれば、あまり意味をなさないことがわかってくるでしょう。

現に、日本で展開した仏教の思想には、大陸仏教伝来の生命観を下地に発展を遂げた独自の生命観ないし成仏観を見て取ることができます。そこでは、インドや中国の仏教では「無情」に分類される「草木国土（山川草木）」をも含め、世界を構成するあらゆる存在は、必ずや成仏できる、あるいはすでに成仏しているといった理解が、声高に主張されてきたのです。このように、「情」のはたらきのあるなしといった観点から諸存在を区別してきた仏教の伝統的認識のさらにその先に、「いのち」の偏在性、存在間の根本的平等性を認めたことで、日本の仏教は、人間中心主義に陥ることのない、より懐の深い宗教思想を展開することが可能になったと、私は考えています。

仏教の思想と手に手を取り合うかたちで育まれてきた、汎神論的とも言えるような、大胆かつ革新的な日本仏教ならではの世界観・生命観は、仏教（日蓮宗）の熱心な信者でもあった童話作家・宮沢賢治（一八九六－一九三三）の「めくらぶどうと虹」という作品の中の一節にも、はっきりと見て取ることができます。

> ええ、そうです。本とうはどんなものでも変らないものはないのです。ごらんなさい。向こうのそらはまっさおでしょう。まるでいい孔雀石のようです。けれども間もなくお日さまが

あすこをお通りになって、山へお入りになりますと、あすこは月見草の花びらのようになります。それも間もなくしぼんで、やがてたそがれ前の銀色と、それから星をちりばめた夜とが来ます。その頃、私はどこへ行き、どこに生まれているでしょう。又、この目の前の、美しい丘や野原も、みな一秒ずつけずられたりくずれたりしています。けれども、もしも、まことのちからが、これらの中にあらわれるときは、すべてのおとろえるもの、しわむもの、さだめないもの、はかないもの、みなかぎりないいのちです。

ここに表明されているのは、この世に存在するものに万古普遍に観察される、「生（生じる）」、「住（とどまる）」、「異（変化する）」、「滅（滅する）」の四つの現象を、「まことのちから」のあらわれ、「かぎりないいのち」のはたらきと捉えてきた、日本仏教に特徴的な世界観・生命観にほかなりません。

こうした日本仏教の発想においては、人間の「いのち」、あるいは「有情」の「いのち」だけを特別視するような狭い生命観は、完全に乗り越えられています。宮沢賢治がそのような思想を獲得するに至ったのは、彼自身、熱烈な『法華経』信者だったこととも無関係ではないでしょう。しかし、仏教の思想を特に意識したことのない日本人の間でも、これに通底する生命観は、広く共有されてきたと言えるのではないでしょうか。「おかげさま」という発想にしてもそうですが、他者のみならず、環境世界も含めて、自分という存在を支えてくれているすべてのものを、「かぎりないいのち」のあらわれと受け止める感性を、日本人は広く持ち合わせてきたと言えます。

日本人のそうした思想や感性の一端は、「いただきます」や「ごちそうさま」などといった、私たちが日頃使い慣れた言い回しの中などにも、見て取ることができます。

「ごちそうさま」の「ちそう（馳走）」というのは、食事の準備のためにあちこち走りまわるという意味で、そうした他者の労に対する感謝の気持ちから、このような表現が生まれたものと考えられます。また、「いただきます」にしても、命をつなぐのに欠かせない食物のために「馳走」してくれた他者の労に対する謝意が表明されていることは間違いないでしょう。

ただ、「いただきます」には、食事の提供者への感謝以上に、自分自身が「おのずから」の世界に生かされているとの事実認識、世界から「いのち」をいただいて生きていることに対する感謝の気持ちが鮮明なかたちで表明されているように感じられます。「いただきます」という言葉を、食事の提供者に対してではなく、食べ物に手を合わせながら口にするといった日本人の習慣は、そのことを証拠立てる事例と見て差し支えないのではないでしょうか。

このように、私たちが常日頃から慣れ親しんでいる、ありふれた日本語表現の中には、自己を包み込む大いなる世界への眼差しを通じて、自分自身の生のありように反省を促すはたらきをもつものが少なくないのです。このことは、そうした性格をもつ言葉を私たちが繰り返し使うことで、知らず識らずのうちに「あわい」の思想が鍛えられてきたことを意味しているのではないでしょうか。

八　「してはならない」

仏教で、「無因無果」ということが言われます。この世界の出来事に、「因」なしに生じる「果」

はないということ、翻して言えば、ひとりでにそうなったとしか思えないような現象であっても、そこには必ずやその「果」を生み出した「因」が存在するということでもあるのですが、こうした生成観は、仏教のものの見方の基本をなしていると言ってよいでしょう。

日本人の思想が、仏教思想の強い影響下で形づくられてきたことは事実です。したがって、そうした仏教の基本認識とも相俟って、日本人は、初発の「なる」以外は、どんな出来事であれ、どこかに必ずそれを引き起こした原因、つまり「する」（「なす」）という主体のはたらきの関与があると考えてきたのです。

どんなことでも、「する」ことなくして「なる」ことはあり得ない、といった日本人の生成観は、古くは『日本書紀』の記述の中に確認することができます。聖徳太子（五七四－六二二）が、大和国葛城（現在の奈良県北葛城郡）の片岡山で、飢えて行き倒れた旅人を見て詠んだとされる、「しなてる片岡山に飯（いい）に飢（い）て臥（こや）せるその旅人あわれ」という歌がそれです。

通常、私たちは山はおのずから山であるくらいにしか考えません。ところが、ここでは決してそのように思考されていない。山ですら「してなる」もの、すなわち、誰か（もしくは何か）が、主体的なはたらきかけをなした結果、なったと理解されているのです。

山のような自然物ですら、そのように見られていたわけです。まして人間が、「うみ」、「つくる」事物については、言うに及ばないでしょう。

江戸時代の後期に名君として名を馳せた、米沢藩主の上杉鷹山（ようざん）（一七五一－一八二二）に、「なせばなる、なさねばならぬ」という言葉があります。「なせばなる」かどうかはともかく、「なさねばならぬ」ことだけは、不変の道理と言って差し支えないでしょう。要は、この世界で現実に起こるすべての事象は、「する」はたらきと「なる」はたらきが交りあう「あわい」のうちからしか生じないということです。

もっとも、「してなる」などといった表現は、現在の日本語では、ほぼ死語と化しています。かろうじて「してなるものか」といった言葉遣いなどに、その残滓を止めてはいますが、それでも現代の多くの日本人にとっては、「してなる」というのは、直感的には把握しにくい発想のように感じられるのではないでしょうか。ただ、「してなる」の否定形は、「してはならない」です。そう聞かされれば、現代人にとっても、決して馴染みのない発想ではないということがわかるはずです。

「してはならない」というのは、倫理的な禁止を意味します。やろうとしてやれないことはないような行為に対して、大局的な視点から掣肘を加える際に用いられてきたのが、この言い回しです。

それにしても、これが倫理的な禁止を意味するのは、どういった理由によるのでしょうか。そのあたりのことに関しては、あらためて詳しく説明するまでもないでしょう。それは、もっぱら「うむ」、「つくる」の原理だけで物事を推し進めようとして、「なる」側面を顧慮しないことが、いいかえれば、「してなる」「あわい」に成り立つ現実世界を台無しにしてしまう由々しき行為と見なされてきたからです。

「あわい」を無視して、自力でゴリ押しすることは、やってやれないことではないでしょう。他人を陥れようと、嘘をついて騙すことは、十分に可能だからです。けれども、長期的な展望に立つならば、嘘はいずればれるでしょうし、短期的には、嘘がばれるのを防ごうと、嘘を嘘で塗り固めなければならなくなる。そんなことばかりしていては、周囲の不信や反感を買うだけで、早晩、身を滅ぼす結果になることは、目に見えています。

人間には、未来に起こり得るすべてのことを完全に予見することは不可能です。とは言え、経験上あるいは論理的な推論に基づき、かなりの確度で結果が予測され得ることも、現実には少なくないはずです。「してはならない」という表現で言えば、そこには明らかに、「みずから」「する」（「なす」）ことが、「おのずから」「なる」はたらきによって阻まれるといった予見が含まれています。そんなことを無理に押し通せば、良い「あんばい」に成り立っていた世界との関係が崩れてしまい、なるものもならないといったことが予期される場合に発せられてきたのが、この言い回しなのです。

「してはならない」ことをする人を倫理的に非難するときに、「ならず者」という言い方がされてきました。こうした言い回しの中にも、「してなる」世界の道理を身勝手な行為で毀損することを良くないこととしてきた、日本人ならではの基本的倫理観を垣間見ることができるでしょう。

ここであらためて注目されるのは、「してはならない」というのは、あくまでも道理的な観点から発せられる言葉だという点です。個人的に許すとか許さないとかいった感情論はさて措き、そんなことをしていては、「おのずから」のはたらきに阻まれて事がならない、それ以上、先には行けない（「してはいけない」）ということが、「理」としてあらかじめ見越される場合に、はじめて倫理的な禁止の意味を帯びてくるということです。

実際、日本語の中には、「してはならない」（「してはいけない」）以外にも、道理を前面に押し出すことで強い禁止や命令を表す表現が少なからず存在します。

古語の助動詞「べし」もその一つです。助動詞「べし」には、「推量」、「意志」、「可能」、「当然」、「命令」、「適当」等々、多様な意味があります。たとえば、「なすべし」と言われる場合には、「命令」を意味することになりますが、「べし」がそうした意味を帯びてくるのは、「しなければならない」という世界の道理が、否応なしにそう命ずるからだと推測されます。同じことは、「なすべし」の否定形である「なすべからず」についてもあてはまります。「なすべからず」が「禁止」の意味になり得るのは、「してはならない」ことが、道理の観点からあらかじめ見越されているからだと理解されるわけです。

幼い子どもを叱るとき、「よい子は、そんなことはしません」といった言い方がされることがあります。これなども、道理に即した禁止表現の一種と見られます。また、私たちがたびたび口にする「できない」なども、たんに個人的感情や見解から発せられたのではない、道理的意味合いを強く帯びた表現であることは明らかです。「できない」は、大抵の場合、「不可能」を意味します。ですが、「ここには駐車できません」などと言われる場合には、道理に基づく倫理的禁止を意味することになるのです。先にも触れたように、「できる」は「なる」に通じる概念です。したがって、この場合にも、やはり「みずから」の行いが「おのずから」の道理に阻まれて、事が成就しない（「ならない」）といった含意があることに、疑問の余地はないでしょう。

資本主義社会は、基本的に勝ち負けの競争原理によって支配されています。そうした生き馬の目を抜く競争社会の中で生きていくことを余儀なくされた人びとは、「やられてなるものか」と、競争相手（ライバル）と「相競る（あいせる）」ことで、他人を蹴落とすことについ躍起になってしまう。けれども、競争社会における勝利者は、究極的には一人だけです。したがって、どれだけ努めようが、いつかどこかで誰かに出し抜かれることは、ほとんど不可避だと言ってよいでしょう。そこで他人に出し抜かれたとき、思わず日本人の口を突いて出てくる台詞が、「してやられた!」なのです。

「やる」か「やられる」かの関係に「あわい」などありません。「してやった」り「してやられた」りした時点で勝負ありで、関係自体が不均衡な状態で固定化されてしまうからです。関係自体が固定化されてしまうということは、もはや取り返し不能な事態に陥ったということでもある。そのことに気づかされたとき、私たちは往々にして「しまった!」と痛感させられることになる。「しまった!」というのは、「取り返しがつかなくなった」、「お仕舞いになった」という意味にほかなりません。

「おのずから」と「みずから」の「あわい」の中で暮らしてきた日本人にとって、関係性に著しい不均衡が生じたり、平等な関係性から閉め出されたりすることは、生存そのものが脅かされる由々しき事態として認識されてきました。他人に罰を与えることを、「お仕置き」と言います。「仕置く」というのは、特定の人を平等な関係性の世界から排除し、不平等な状態に関係性を固定することを意味します。そうなると、仕置かれた側としては、もはやなす術がなくなってしまう。要するに、そのように「あわい」が失われた状態で関係性が固定化され、自由が奪われることを、日本人は、この上ない厳しい罰として認識してきたということです。

日本語の特徴としてしばしば言われることの一つに、敬語の発達ということがあります。そうした日本語の特徴を生み出してきた背後にも、同じ原理が指摘できるものと想像されます。

「してやる」といった言い方に、私たちは不遜な響きを感じずにはいられません。しかし、私たちはなぜ「してやる」と言われると、癪に障るように感じられてしまうのでしょうか。それは、存在の平等性が損なわれることを、日本人は無意識のうちに非常におそれてきたからでしょう。「お仕置き」同様、そこには確かに、不均衡な関係の構図を見て取ることができます。そのため、日本人は、たとえ相手のためにすすんで献身的に何かをする場合であっても、「させていただく」などと、へりくだった謙虚な言い方をしてきたのです。つまり、意図的に自己を低みに置くことで、もしくは相手を高みに持ち上げることで、自己が相手に対して優位となる関係が生じるのを避けようとする配慮を、日本人はつねにはたらかせてきたと考えられるのです。

ともあれ、「させていただく」に代表される謙譲表現一つとっても、そこに日本人の身に染みついた、「あわい」の思想を見て取れることは明らかでしょう。

九　「もの」をつくる

「いとなみ」とは、人間が主体的に勤(いそ)しむ日々の生業(なりわい)のことを指す〈やまと言葉〉で、一説によれば、「暇無(いとな)さしむ」に由来すると言われます。いずれにせよ、「なる」世界のただ中で、人間が主体的に「なす」ことを通じて何かを「暇(いとま)無く」生んだり作ったりすることが、生活の維持に欠かせない行為と見られてきたことは確かでしょう。

ところで、日々の「いとなみ」に欠かせない「つくる」という行為は、もともと「鐘を撞(つ)く」とか「餅を搗(つ)く」とかと言われるときの、「つく」に関連した動作だったようです。

「つく」には、「撞」や「搗」以外にも、「突」や「衝」などの漢字が当てられてきましたが、これらはいずれも他動詞に分類されます。ゆえに、「つく」という動作には、つねに「つかれる」客体（目的語）が想定されることになる。「鐘を撞く」という場合であれば、「撞く」主体は「人」で、「撞かれる」客体は「鐘」だと理解して差し支えないでしょう。しかしながら、「餅を搗く」とか「米を作る」、「子どもを作る」などと言われる場合には、何がつかれているというふうに理解すればよいのでしょうか。

「餅を搗く」という場合には、搗かれる客体は「餅」であると言いたいところです。しかし、それはあくまでも文法上のことに過ぎません。揚げ足を取るようですが、厳密に言えば、搗かれるのは「餅」ではなく「餅米」です。「餅」は、搗かれた結果、作られたものにほかならないのです。

同じように、「米作り」にせよ「子作り」にせよ、正確に言えば、そこで搗（突）つかれる客体は、「米」や「子」ではなく、「米」や「子」も、やはり何かが搗かれた結果、作られたものとして理解されなければならないでしょう。

しからば、人が主体的に何かを作り出す行為において、はたらきかけを受ける客体として想定されているのは、何なのでしょうか。

この疑問を解き明かすヒントは、「ものづくり」という言い方に隠されているように思われます。つまり、そこで「つく」ことをされるのは「もの」だということ、換言すれば、人はつねに「もの」を素材として何かを作り出していると了解されてきたのではないかということです。

だとすると、私たちはここでさらなる疑問にぶちあたることになるでしょう。それは、「もののけ」、「もののふ」、「けだもの」、「ものがなしい」、「ものさびしい」、「ものものしい」、「ものすごい」など、日常会話の中で多用される「もの」というのは、もともとどういった概念だったのか、といった素朴かつ根源的な疑問です。

「もののけ」や「もののふ」といった言葉からうかがえる「もの」の意味は、質量はもつけれども、はっきりとはかたちをなさない、「あや」なる実体ということでしょう。すなわち、いまここに確かに存在してはいるのだが、明確にこれとして指し示すことのできない何か、人智や人力の及ばない、原理的、法則的、普遍的、運命的で、動かしがたい、「おのずから」なる世界のありようが、「もの」という〈やまと言葉〉によって指し示されてきた対象ではないかと想像されるということです。

ともあれ、「もの」という〈やまと言葉〉が、そのように「あや」なる存在のことを指し示してきたのだとすれば、実態はよく摑めないながらも、そこにある何かを人間が「つく」ことで、具体的なかたちとして取り出す営為のことが、「ものづくり」と呼ばれてきたということが、おぼろげながらも見えてくるのではないでしょうか。

ちなみに、「もったいない」とか「もったいぶる」とかと言われるときの「もったい（物体／勿体）」も、実態はよく摑めないけれども、重々しさや威厳をもって現前する存在のことを指す概念です。実はこれも、もともと仏教に由来する言葉なのですが、多くの人はそのことを意識しないまま、「もったい」という言葉を使ってきたのではないでしょうか。

そもそも「もったいない」は、「もの」の中からかたちとして取り出された実体がぞんざいな扱いを受けることで、「もの」にそなわる重々しさや威厳が損なわれてしまうことを批判的に捉えることから生まれた表現、「もったいぶる」は、大したこともないのに、大したものであるかのように見せかける態度を問題視する眼差しから生まれた表現なのです。そこに、この世のありとあらゆる存在を支えてくれている、「おのずから」の世界に対する畏敬の念が込められていることは、言うまでもないでしょう。

このように、古来日本人の間では、世界のあらゆる存在は、「もの」を素材とし、それに対して主体的にはたらきかけることで作り出されたとする見方が、意識の深層において共有されてきたと考えられるのですが、「もの」に対するそうした受け止めが、この概念の把握にねじれをもちこむ要因となってきたことも否めないように思われます。と言うのも、かたち以前の、世界の本体としての「もの」を「つく」ことによって作られたり生み出されたりした質量をもつ物体もまた、「もの」と称されてきたからです。

十　「もの」と「こと」の世界

摑みどころがなく動かし難い実体、もしくは「おのずから」の世界の中から具体的なかたちをとって現れた質量をもつ物体が「もの」と称されてきたのに対し、「もの」にはたらきかけを行った結果、感覚的に把捉することが可能になった現象は、「こと」と称されてきました。

「こと」という〈やまと言葉〉の語源については諸説存在します。ただ、「こと」の「こ」は、「口（くち）」の「く」と同じで、「こと」の「と」は「音（おと）」の「と」であるとか、「小音」の「と」、あるいは「此音（このおと）」が約まったものなどとも言われることから、「音」にまつわる現象を指したのではないかと推測されます。

「音」というのは、物体と物体が触れ合うことから生じる現象です。そして、その特徴は、時間的に推移し、やがて何の痕跡も残さずに消えていくという一回性が指摘できます。そのあたりの事情は、「事」という漢字が使われるケースが多いために、やや見えにくくなっているところがあるのかも知れませんが、「こと」が「音」と同様に、一回的で個別的な現象を指しているというのは、「殊」や「異」などの漢字が当てられることがあることからも、推し量ることができるでしょう。

とは言え、「もの」や「こと」といった、私たちが頻用する〈やまと言葉〉が何を指し示しており、これら二つの概念にはどういった意味の違いがあるのかについて、真剣に考えた経験をもつ人は、ほとんどいないのではないでしょうか。それにもかかわらず、補助動詞の「ある」と「いる」の使い分けに苦労する日本人に会ったことがないように、「もの」と「こと」の使い分けに苦労しているという日本人にも、これまで私は一度も会ったことがないですし、そのような話を人づてに聞いたことすらありません。

実際、「もの」と「こと」との使い分けが、どれほど造作ないことか、試しに、次に挙げる六つの文の空欄部に、「もの」か「こと」のいずれかを入れて文を完成させてみてください。

①　それみた［　　　　］か。
②　言わん［　　　　］じゃない。
③　明日までに片付けておく［　　　　］。
④　目に［　　　　］見せてやる。

⑤　だって、待ちくたびれたんだ［　　　　］。
⑥　所詮、人生はむなしい［　　　　］。

一応、答え合わせをしておくと、①、②、③には「こと」が、④、⑤、⑥には「もの」が入ります。簡単だったとは思いますが、「いる」と「ある」の使い分けが難しいと嘆いていた例のアイルランド人の友人は、「もの」と「こと」の使い分けについても、とてつもなく難しいと漏らしていました。

「もの」と「こと」の区別を、私たちはどこかで習ったり教え込まれたりしたわけではない。にもかかわらず、これらの言葉を間違えずに使い分けられているのは、日本語を母国語として生活してきた過程で、知らず識らずのうちに身についたとしか言いようがないでしょう。母国語の習得というのは、そういうものだと言ってしまえばそれまででしょうが、ここでもやはり見逃せないのは、日々の母国語の使用をとおして、「もの」と「こと」の間の微妙な意味の違いを体に覚え込ませてきたことで、自分でも気づかないうちに、多かれ少なかれ誰しもが、「あわい」の思想を生きてきたということです。

「もの」の世界から生じた現象を一回的な出来事として反省的に捉え直す際に用いられてきたのが、「こと」という〈やまと言葉〉です。①の「それみたことか」や、②の「言わんことじゃない」には、現実に起きた出来事への反省的な眼差しを認めることができます。「してはならない」ことをしたがために、予見された通り、「おのずから」のはたらきに阻まれたことへの非難の気持ちが表明されているということです。

一方、③の「明日までに片付けておくこと」の場合には、「片付ける」（「片付けない」）という事態は、いまだ出来（しゅったい）していません。しかしながら、「しなければならない」といった道理の観点から、近い将来に起こるであろう事態が、話者に先取りされていることは疑いないでしょう。

①~③の分析を通じてひとまず言えそうなことは、「こと」というのは、ある程度見通しが利く、秩序化された世界の中で発せられる言葉だということです。その点では、見通しの利かない、「あや」なる世界の中で発せられる「もの」との間には、歴然たる違いがある。

そう考えると、日本人が日々の暮らしというものをどのように捉えてきたかということが、かなり明瞭に見えてくるのではないでしょうか。すなわち、「もの」の世界にはたらきかけて「もの」を作り出したり、「もの」から「こと」を取り出して、それらを整理するなどして、多くの物事を「みずから」の支配（コントロール）下に置こうとする営為によって支えられているのが、日々の暮らしだということです。このことは裏を返せば、「もの」の世界に浸り切ったまま、漠然と日々の生活を送ることはできないということでもあるのでしょうが、そうした人間の営為において、決定的に重要な役割を果たしてきたのが「ことば」であったと考えられます。

「ことば」という〈やまと言葉〉は、「もの」の世界から「事の端（は）」、「殊の端」、「異の端」として切り取られた事柄の断片のことを意味したようです。「ことば」をうまく利用することで、無秩序にしか見えなかった世界に秩序を見出すことが可能となり、そのことで、混沌としていた身辺世界を支配できるようになることは事実です。ただ、人間が「こと」として切り取ることが可能なのは、どこまでも「もの」の断片、「事の端くれ」でしかない。そのため、「ことば」を用いて何事かを言い当てることができたにしても、せいぜい「もの」の世界のごく一部、表層に過ぎないと見られてきたのです。

「ことば」以外の〈やまと言葉〉で、「こと」の秩序の創出に関わるものとして挙げられるのが「ことわり」です。漢字では、「理」と表記されるのが一般的ですが、「ことば」を用いて「もの」の世界に筋目を入れることで、「こと」として割り出されてくるというのが、「ことわり」の語源だったと想像されます。

付言しておけば、「理」は「断り」に通じる概念です。「断っておくが」とか、「お断りします」などといった日本語の言い回しには、「してなる」世界の道理をしっかりと見定めたうえで、事前に釘を刺しておくといった意味が含まれています。そのように、「してはならない」という見通しをあらかじめ相手に伝えておくことで、道理に合わない無理な提案や要求に対して予防線を張る役割を果たしてきたのが、「断る」という動詞によって言い表されてきた行為なのです。

このように「もの」を断片的に切り取ることで「こと」を割り出し、生活世界を制御可能な状態へと作り変えていく人智のはたらきは、「わかる」とか「しる」などといった動詞によっても言い表されてきました。

無秩序な世界のうちに「こと」としての道理を見出し、それらを言葉を用いて丹念に腑分けする「ことわけ」の作業を通じて、それまで見通せなかった不確実な現実を予測可能なものに変えていく人智の営みが、「わかる」に込められた原初的な意味です。また、漢字で「知る」と表記されることの多い動詞「しる」に関して言えば、「領る」や「治る」なども表記可能な概念なのです。こうしたことからも、「あや」なる世界を、言葉を用いて適宜「ことわけ（事分け）」し、「しわける（仕分ける）」ことで、「領知」可能な範囲を拡大していくことによって営まれるのが、人間の生活だと言っても過言ではないでしょう。その意味で、「みずから」日々何かに取り組むことで紡ぎ出される「こと」の世界に軸足を置いているのが、私たちの日常生活の現実でもあるわけです。

ただ、「ことわり」ばかりが求められる日常に、私たちはどこか味気なさ、窮屈さを感じずにいられないことも事実でしょう。③の「明日までに片付けておくこと」とか、①の「それみたことか」といった口ぶりには、明らかに棘（とげ）が感じられます。自分には、どれだけ努力しようが見通せないこと、なし得ないことが山ほどある。それなのに、四六時中そんな口ぶりで厳しく責め立てられてはかなわないと、誰しもときには弱音の一つも吐きたくなるのではないでしょうか。

「もの」というのは、制御可能な「こと」の世界とは違い、自力の及ばない世界の「おのずから」のありよう、威厳のある、畏れ多い「ものものしさ」をそなえた何かが感受されるところに発せられる言葉であると考えられます。こうした理解を踏まえるなら、④の「目にもの見せてやる」には、「こと」の背後にうごめく、人智でははかり知れない威力を相手に見せつけて怖じ気づかせるといった含意があることがわかるはずです。そのような圧倒的な威力を発揮する「もの」に比べれば、「こと」として現象した事柄というのは、人の手に負えないような性格のものではなく、怖いと言ってもたかが知れていると捉えられてきたのです。

では、⑤の「だって、待ちくたびれたんだもの」に関しては、どうでしょうか。こうした台詞を女性や子どもが口にするのならばまだしも、いっぱしの成人男性が口にしようものなら、即刻、社会人失格の烙印を押されかねません。これはあくまでも相対的にそう言えるということに過ぎないのでしょうが、女性や子どもは、「おのずから」に重心を置いて生きていくことができるのに対し、特に現代社会に生きている成人男性は、ややもすれば「みずから」に偏しがちで、不必要な「責任」まで過剰に背負い込んでしまう傾向が強いように、私には見受けられます。

⑤とは対照的に、③の「明日までに仕上げておくこと」などといった台詞は、仕事の場面などではしばしば聞かれるものです。「しごと」というのは、「する」と「こと」が複合してできた〈やまと言葉〉です。すでに述べたように、「する」は、主体的に「もの」に関わり何かをなすこと、「こと」は、「みずから」何かをなすことで、「もの」から生み出される事象を指します。このことから理解されるのは、人が「もの」の世界にはたらきかけ、さまざまな「こと」を生み出したり作り出したりするのが、「しごと」本来の意味だったということです。したがって、それまで人事の世界に軸足を置いて遮二無二生きてきた人間が、⑥の「所詮、人生はむなしいもの」などといった言葉を口にするというのは、「こと」の世界から「もの」の世界に回帰していると解釈できるでしょう。こうした台詞は、人世に対するあきらめ、深い諦念から発せられてくる性格のものにほかならないのです。

ところで、「あきらめ」という〈やまと言葉〉は、現代ではほとんど否定的（ネガティブ）な意味合いでしか用いられませんが、もとはと言えば、「（真理を）明らめる」「（真理を）はっきりさせる」という仏教の思想に由来するもので、人が「あきらめ」の境地に至ることは、さとりに到達することと同等の価値をもつと見られてきたのです。「あきらめ」は、漢字で書けば「諦め」です。「諦」というのは、梵語で「真理」を意味する“satya”の漢訳ですが、どういうわけだか、現代人一般の理解では、「人生、諦めたら終わり」といったような、否定的な意味に捉えられています。しかし、仏教思想の伝統に照らせば、「人生、諦めが肝心」というのが、本来あるべき「あきらめ」

の意味であって、そうした境地に至ることを、修行者たちは目指してきたわけです。

とは言え、人世に対する諦観が、「こと」の世界に立ち帰る意欲を完全に殺いでしまうような性質のものであるとすれば、事態はかなり深刻ですし、仏教が目指した生の理想ともかけ離れているると言わざるを得ません。「みずから」の営為を放棄した諦念に至った人間に欠けているのは、まさに「あわい」の視座です。そのように現実に背を向けた人間が、「してなる」世界に生きていく術を見出せないことは、言うまでもないでしょう。

十一　「もの」を「かたる」

言葉の大事な機能の一つが、「もの」から「こと」を切り出すことにあるのに対して、「もの」から切り出されたさまざまな「事の端」を組み合わせて世界を整序するという行為は、「かたる」という〈やまと言葉〉で言い表されてきました。「かたる」という動詞は、「型」や「象」、あるいは「固まる」や「硬い」などとも語幹を共有する概念であったようです。つまり、「かた」として切り出された言葉を用いて「あや」なる「もの」の世界を踏み固め、そこに「かたち」としての秩序を創出せしめることを通じて、暮らしを安定的に営んでいける足場を築くという行為が、この語の原義であったと推測されるのです。

「もの」の世界に投げ出された状態の中にしか、自己の生の営みはないという「あきらめ」の境地に至りながらも、多くの先人が「おのずから」の世界にのみ込まれることなく生きてこられたのは、人間がつねに「もの」の世界に「かた」をつけることをしてきたからにほかなりません。

「もの」の世界と一体となって生きていけないところに、有限者としての人間の宿命があるのだとすれば、「かた」のない世界に生きることは、私たちには事実上不可能なのです。

古来、日本人が極端に嫌ってきたことに、「きたない」ということがあります。「きたない」という〈やまと言葉〉の語幹をなす「きた」も、同じく「かた」に由来しています。「きたない」という言葉が、物理的に汚れた状態を指すだけではなく、「汚い奴だ」とか、「汚い手を使うな」などのように、倫理や道徳に反する無秩序な振る舞いを非難する際にもしばしば用いられてきたのはそのためです。この場合、何が非難されているのかと言えば、相手の心に「かた」がなく、心の中が読めないために、対応のしようのないことが非難されているものと考えられます。無秩序から生じるそうした「きたなさ」を取り除くには、「かた」をつける以外ないでしょう。人間が、言葉を用いて「もの」の世界を事分けし、「かたる」ことをとおして生活世界を踏み固めてきた背景には、「きたない」世界では生きていけないといった思いがあったからに相違ないのです。

現実世界を生きていくうえで不可欠な言語行為を言い表わした〈やまと言葉〉は、「かたる」以外にも、数多く存在します。「いう（言う／謂う／云う）」、「はなす（話す）」、「つぐ（告ぐ）」、「のる（宣る）」、「となう（唱う／称う）」、「うったう（訴う）」などがそうです。

しかしながら、これらの動詞によって指示される言語行為は、「かたる」とは若干、性格を異にしているところがあります。それは、「かたる」が、聞き手の存在を念頭に置いて、聞き手が抱くであろう疑問ないし期待や要求を先取りしたかたちで、事態をわかりやすく説示しようとする行為であるのに対して、「いう」、「はなす」等々は、聞き手の存在が想定されていなくても成り立ち得ると考えられるからです。要は、「かたる」という言語行為には、始まりと終りをもつ形式が要求されるのに対し、「いう」、「はなす」等々の言語行為は、発信者の一方的な発話によって成り立つ余地があるということです。

「かたる」という行為が、かたち以前の世界に「かた」をつけることだとすれば、すべての「かたり」は「ものがたり」であるとして差し障りないように思われるかも知れません。ですが、たとえば『古事記』の中に、「高光る日の宮人、事の語り言も是(これ)をば」との記述が認められるように、かつては「かたり」の様式に、「もののかたり」と「ことのかたり」の二種類が区別されていたようです。

「もののかたりごと」ではなく「ことのかたりごと」と言われるとき、そこではいったいどのような「かたり」のありようが想定されているのでしょうか。おそらく、以下のようなありようではなかったかと推測されます。すなわち、かたち以前の「もの」を素材として紡ぎ出されてくる「かたり」の様式が「ものがたり」と見なされたのに対して、現実世界に「こと」としてすでに現象している事柄のいくつかを整理し、論理的に述べるありようが、「ことのかたり」と見なされていたのではないかということです。より具体的に言えば、事件や出来事を時系列に並べるとか、実験結果をまとめたりして、客観的に誰もが理解できるかたちとして示される「かたり」のありようが、「ことのかたり」に相当したと考えられるのですが、少なくともそうした人間の「かたり」には、発話者の恣意的解釈の入り込む余地はほとんどないと言ってよいでしょう。

それに対して、言葉を用いて無定型だった世界を踏み固め、そこにさらに論理的な筋道をつけることで他者との間に共有可能な世界観を築き上げていく「もののかたり」は、悪用しようと思えば、自分にとって都合のよい物語をでっちあげ、他人を騙すことに使えなくもないでしょう。

もとよりその種の「かたり」は、「騙り」につながるものと捉えられてきたことは確かで、人間の「語り」が「騙り」に変わるのは、偽りの態度があるからにほかなりません。「いつわる」の語源は、「言いつ張る」にあると言われます。変化して止まない現実と向き合いながら、良い「あんばい」に生きていける人間の柔軟さは、「張る」態度からは、決して生まれてこないということです。

十二　人生を「しあわせる」

このように、日本人は「もの」から「こと」を切り出し、さまざまな「こと」を整序していく営みをとおして、現実を見通しの利く状態に変えていくことが、生活にとって不可欠であると捉えてきたことは確かなようです。しかしながら、倫理的な見地からすれば、理非曲直を明らかにして、「もの」の世界を「みずから」の支配下に置くことよりも、むしろ複眼的な視点で、「おのずから」の世界と「みずから」との「あわい」をいかに保っていけるかということに、多くの労力が注がれてきたと言えるでしょう。

「しあわせ」という〈やまと言葉〉には、「あわい」の成就を目指して生きてきた日本人の理想の究極的なありようが如実に示されていると見ることができます。「しあわせ」の「し」は「しごと」の「し」と同じく、動詞「する」の連用形で、「あわせ」は動詞「合わす」が名詞化したものです。現代では「幸せ」と漢字表記されるのが一般的ですが、古い文献では、原義を忠実に反映した「仕合わせ」とか「為合わせ」と表記されるケースが目立ちますし、現代の日本語では、「しあわす」

れてきたのです。

という動詞形で使用されることはまずありませんが、古い日本語では、しばしば動詞形でも使われてきたのです。

古語辞典で「しあわす」を引いて最初に出てくるのは、大概、「二つの物や事柄をぴったり合うようにする」とか、「つじつまをあわせる」、「間に合わせる」といった類の説明です。「しあわせ」という語は、現在では、うまくはからった結果、二つの物や事柄が望み通りに実現した状態のことを意味しますが、かつては「仕合わせの良し悪し」などといった言われ方がされたように、「しあわせ」自体が、必ずしも好ましい事態が実現された状態を指したわけではありませんでした。「試合」というのも、「しあわせ」に関連した言葉です。「試合」には、互いにやり合うといった意味があるだけで、「仕合わせ」同様、そこには良し悪しの価値判断は含まれていません。「試合」の良し悪しが問われるのは、決着の仕方をめぐってのことであって、とりわけ美徳に反するとされたのは、「試合」が「泥仕合」と化すことでした。「泥仕合」が好ましくないのは、そこに「あわい」が欠落しているからです。「泥仕合」という表現には、いつまでも相手と「仕合わせ」られないでいることへの非難の気持ちが込められていたと考えられるのです。

「しあわせ」というのは、このように、他者ないし世界の「おのずから」のはたらきと「みずから」の作為とがうまく「仕合わせ」られたところにはじめて実現するというのが、日本人にとっての幸福観の基本であったとすれば、自己の努力が実を結ぶか否かは、相手もしくは世界の側の反応を待たなければならないということになるでしょう。そうした自力の限界性をしかと認識したうえで、あらためて幸せの実現について思いを馳せるとき、人間というのは、つねに自己の努力の範疇を超えた偶然性に片足を置きつつ生きていかなければならない存在だということが、いっそう強く自覚されてくることになるのではないでしょうか。

宮沢賢治は、「農民芸術概論綱要」の序論に、「世界がぜんたい幸福にならないうちは個人の幸福はあり得ない」といった言葉を記しています。厳しい競争にさらされて生きていくことを余儀なくされた現代人は、ともすれば個人の幸福の追求と他者の幸福の追求とは、相容れないと受け止めがちです。けれども、「しあわせ」という〈やまと言葉〉から透けて見える幸福観に照らすなら、宮沢賢治も言うように、一個人の幸福というのは、世界全体の「仕合わせ」が実現される先にしか成就しないと言わなければならないのです。

人が死んだとき、「不幸があった」という言い方がされます。しかしそれは、私に言わせれば、現代人の多くが、死を最も忌避すべき事態と思い込まされてきたためであって、〈やまと言葉〉の幸福観からすれば、「幸せ」の対極に「死」を置くというのは、随分と底の浅い思想であると言わざるを得ません。

鎌倉時代の初期に書かれた鴨長明（一一五五－一二一六）の随筆『発心集』に、「おのずから事のたよりありてまいり来れるばかりなり」との記述が見られます。「おのずからの事」とは、ここでは「人が死ぬ」という意味で、「訃報を聞いて駆けつけたところだ」と言われているのです。

ここで何より注目されるのは、鴨長明が死を「おのずからの事」と捉えているという点です。死が「おのずからの事」として観念されてくる背景に、誰しも死を逃れられないとの諦念があることは間違いありません。死が逃れ難い事態として意識されるとき、私たち人間の目線は、どこへと向け直されていくことになるのでしょうか。「おのずからの事」が訪れる瞬間まで、どのように自己の人生を「仕合わせ」ていけるかということに、すべての意識が注がれると言って、あながち言い過ぎではないのではないでしょうか。

にわかには信じ難いと感じる人もいるでしょうが、国語辞典(『日本国語大辞典 第二版』)の「しあわせ」の説明に、「人が死ぬこと」とあります。よりによって人の死が、なぜ「しあわせ」と結びつくのかと言えば、それは要するに、一人の人間がなすべきことをすべて仕果たして、良い「あんばい」に生涯を閉じられたといった了解があるからに相違ないのです。

一度きりの限りある人生において、なすべきことをすべて仕果たし、思い残すことなく死んでいけるというのは、実に珍しい、滅多にないことであって、まさに「愛づ」べき「愛でたい」出来事だとも言えるでしょう。いまでも、老人が寿命をまっとうして死を迎えることを、「おめでたくなった」と表現する地方があるそうです。そこには、死と「仕合わせ」とを結びつけてきた、日本人ならではの死生観を如実に見て取ることができるでしょう。

人間が、「おのずから」の世界に片足を置いて生きている存在であることは、紛れもない事実です。そうである以上、人生において心の底から「愛でる」ことのできる事態に出遇えることなど、そう滅多にあることではない。であればこそ、「愛づ」べき、「愛でたい」現実に出遇えたことを、「めづらしい」と日本人は受け止めてきたのです。

十三　「さようなら」

このように、一個の人間が誕生してから死を迎えるまでの間に経験されるさまざまな出来事とどう向き合い、それらと自己とをどう「仕合わせ」ていけるかということに、日本人は人生における究極の課題を見てきたと言ってよいのでしょうが、同時に、日本人は一年のうちにも、一日のうちにも、「仕合わせ」の成就を願いつつ暮らしてきたことも事実です。

一二月は、「しわす」とも言われます。「しわす」には、「師走」という漢字が当てられてきたこともあって、師（＝先生）があちこち忙しく走り回らなければならない時期のことだと理解している人も多いのではないでしょうか。ですが、これはあくまでも後世に誕生した俗説であって、「仕果たす」というのが、元来の意味だったようです。なすべきことが終わらないうちは、気持ちよく一年を締めくくることはできません。大晦日の大掃除などもそうですが、年が明ける前にその年のうちになすべきことを仕果たして、晴れて新年を迎えられると日本人は考えてきた――。「しわす」という旧くからある暦の呼び名には、先人たちのそうした思いが込められていたと推測されるのです。

また、一日のうちになすべきことを仕果たして別れる際には、しばしば「さようなら」という言葉が使われてきました。「さよう」は「そのよう」、「なら」は「ならば」の「ば」が省略されたかたちです。したがって、「そのよう（である）ならば」というのが、この挨拶言葉によって直接的に表現されてきた意味だと理解されるのですが、こうした言葉を別れ際に交わすことに、日本人はいったいどのような意義を認めてきたのでしょうか。

世界中の言語には、それぞれに固有の別れ言葉が存在します。それらを大別すると、おおよそ次の二系統に分類できるように思われます。一つは、神の加護を祈る「ご加護系」の別れ言葉、もう一つは、再会を期する「再会系」の別れ言葉です。

「ご加護系」を代表する別れ言葉としてまず挙げられるのは、英語の "good-bye" です。これは「汝に神のご加護あれ」という祈願文、“God be with ye!”の短縮形だと言われています。また、フランス語の“Adieu”や、イタリア語の“Addio”、スペイン語の“Adios”、ポルトガル語の“Adeus”なども、明らかに「ご加護系」の別れ言葉に分類できるでしょう。“A”は、「〜へ」、“dieu”は、「神」を意味しているからです。さらに言えば、朝鮮語の「アンニョンハセヨ」も「ご加護系」の別れ言葉に分類できると思われます。「アンニョン」は、漢字で書けば「安寧」ですから、“good-bye”や“Adieu”などとは違って「神」のごとき存在は想定されていないではないかと言われればその通りなのですが、相手の「安寧」を祈っているという点に着目すれば、この別れ言葉もやはり「ご加護系」に属すると判断されるでしょう。

　これら「ご加護系」の別れ言葉に対して、「再会系」を代表するのが、中国語の「再見（ツァイツェン）」です。再会を願う気持ちから「再見」という言葉が発せられていることは、漢字を見れば一目瞭然です。ほかにもドイツ語の“Auf Wiedersehen!（アウフ ヴィーダーゼーエン）”などは、直訳すれば「また会いましょう！」ですし、英語でも、“See you!”と言って別れる場合には、「再会系」に分類できることは明らかです。

　それでは、日本語の「さようなら」は、「ご加護系」、「再会系」のどちらの系統に属すると理解すればよいのでしょうか。結論から先に言えば、「さようなら」は、どちらの系統にも属しません。「そのよう（である）ならば」と言葉を交わして別れるとき、相手に対する神の加護や安寧を祈っているわけでも、再会を願う気持ちを伝えようとしているわけでもなく、たんに出会ってから別れるまでの間に起こった出来事を振り返り、「こと」の顛末を見届けたことを互いに確認し合ったうえで、それまでの関係を清算しているに過ぎないからです。

　ところで、一昔前までは、「さらば」というのも、日本人の間で交わされる代表的な別れ言葉の一つでした。「さらば」にしても、「さあらば」の約まった言い方で、「そうであるならば」という意味ですから、「さようなら」と別段、変わりないようにも思われます。しかし、「さらば」が使用されるのは、別れの場面だけとは限りません。「さらば」にしても、さまざまな「こと」によって織りなされる生活世界から、「こと」以前の「もの」の世界へと回帰することで、それまでの関係性がいったんご破算になることを確かめ合う言葉であることは間違いないのですが、「さらば」に限っては、それまでに起こった具体的な「こと」の確認を経て、次の新たな「こと」へと発展的に関係が継続していく場合にも使用されるといった、「さようなら」にはない特色が指摘できるのです。

　かぐや姫のお伽話で知られる『竹取物語』に、「さらばいかがはせん。難き物なれ共仰せごとに従いて求めにまからん（ではどうしよう。なかなか手に入らないものだが、そうまでおっしゃるのなら探してこよう）」といった「さらば」の用例が見られます。かぐや姫に求婚した男が、貢ぎ物を要求されて、自身の行動を次の段階に移行させようとしている場面ですが、ここに見て取れるのは、ある行為の結末や事態の進展を見極めたうえで、更なる行動を起こすといった、別れ言葉の「さようなら」には見られない構造です。

　英文学者の荒木博之（一九二四－一九九九）は、『やまとことばの人類学』という本の中で、「さらば」には、それまでの「こと」が終わって、これから新しい「こと」に立ち向かうのだといった心構えが表現されているとの見方を示しています。「日本人が古代から現代に至るまで、その別れに際して常に一貫して、「さらば」をはじめとする、「そうであるならば」という意の言い方を使ってきたのは、日本人がいかに古い「こと」から新しい「こと」に移っていく場合に、必ず一旦立ち止まり、古い「こと」と訣別しながら、新しい「こと」に立ち向かう強い傾向を保持してきたのかの証拠」だ、と言うわけです。

なるほど言われてみれば、確かに日本人は、日々「さらば」を口にしつつ自己の来し方を振り返り、総括してきたのと同時に、そこでの反省を糧として、新たな段階へと踏み出してきたとも言える。換言すれば、日々「さらば」や「さようなら」を繰り返す中で、日本人は未来を切り拓こうとする自己自身の肯定的な生き様を見出してきたとも考えられるのです。しかしながら、私たちは一日よりももっと長期的な視座から「みずから」の生を捉え直すことも可能なのであって、その場合には、最期の「さようなら」としての死を迎えるべく、日々の「さらば」や「さようなら」を重ねつつ生きているとも言えるでしょう。

第二次大戦後に行われた東京裁判でA級戦犯となり、絞首刑に処せされた陸軍大将の土肥原賢二（一八八三－一九四八）は、次のような辞世の句を残しています。

わが事もすべて了りぬ　いざさらば　ここでさらば　いざさようなら

ここに歌われているのは、人生においてなしてきた一切の「こと」の最終的な見届けと言ってよいでしょう。この土肥原の辞世の句には、自分の人生が他人にどう評価されるかということとは無関係に、なすべきことを仕果たしたことに対する納得と言うか、一点の曇りもない満足感のようなものが感じられます。少なくとも私は、「さようなら」という別れ言葉とともに、自己の生き様を振り返りつつ、日々、生死流転を繰り返すその先に「死」というものを捉えてきたのが、日本人の死生観であったと考えて差し支えないように思うのです。

もっとも、近頃は、男女の関係が破局したときとか、今生の別れのときなど、特別な場面を除いては、「じゃあね」とか「バイバイ」などといった別れ言葉で済ませることが多くなってきています。けれども、「無常迅速」という言葉があるように、人生がいつ終わりを告げるかは、誰にもわからないのです。だとすれば、私たちが日頃口にするどの「さようなら」にも、その都度、最期の「さようなら」に通じる覚悟がなければならないはずです。

要するに、個々人にとっての幸せというのは、その時々の「さようなら」の積み重ねの延長線上にしかないというのが、〈やまと言葉〉を生活言語として暮らしてきた人びとの間で共有されてきた確かな実感であり、人生観の基盤をなす思想だったということです。

第二章　日本人は「宗教心」に篤いのか

一　日本人の「宗教」観

終戦直後に出版された日本人論の一つに、アメリカの文化人類学者、ルース・ベネディクト（一八八七－一九四八）の『菊と刀』があります。本書は、連合国による日本占領政策のための参考資料としてまとめられたものと言われていますが、その中で著者のベネディクトは、西欧の文化を「罪の文化」、日本の文化を「恥の文化」と規定しています。西欧には、道徳・倫理を支える絶対的な基準があって、それに背くことを「罪」と見なす「文化」があるが、日本にはそのような「文化」がなく、日本人には、世間体や外聞ばかり気にして、社会の中で自分がいかに振る舞うかを、他人の評価によって決めようとする傾向が著しいと言うのです。

西欧人と日本人の倫理のありように、そうした顕著な違いが存在するのは、なぜなのでしょうか。ベネディクトによれば、その主たる原因は、日本人が“God”のような超越観念を持ち合わせていないことにあるとされます。“God”というのは、西欧人にとって、いついかなるときも、人びとの行いを監視する存在で、そうした絶対者の眼差しが意識されるところから、倫理的・道徳的に正しい振る舞いが導かれてくるのとは対照的に、“God”の如き絶対者への意識が希薄なために、自己の身の振り方を決めるのに、とかく恥や世間体を気にしはするが、人目の届かないところでは、不道徳的な振る舞いも、案外平気にしてしまうのが日本人だというのが、彼女の分析です。

『菊と刀』は、戦後の日本社会でさかんに読まれてきました。そのことが、国の内外を問わず、倫理・道徳の成立に不可欠な「こころの垂直軸」が日本人に欠落しているといった通説を流布させるのに果たした役割は、相当に大きかったと想像されます。私自身も、倫理や道徳の成立に“God”の観念に代表される「こころの垂直軸」が不可欠だとする意見には、両手を挙げて同意したいと思います。現代の日本人にはとりわけ実感されにくいことかも知れませんが、倫理や道徳が成り立つには、超越概念と切り離すことのできない「宗教」の要素が欠かせないというのは、世界の常識と言ってよいのです。

現に、多くの国々では、「宗教」というのは、国籍や性別などと並んで、人間存在の本質を見極めるうえでの重要な要素の一つと見なされてきました。海外に渡航する際、飛行機の中などで配られる入国カードに、「宗教」を尋ねる項目があることに戸惑いを覚えた経験をもつ人も少なくないでしょう。日本の国内で暮らしている限り、宗旨や信仰を聞かれることなど、まずありませんし、多くの日本人は、自分が無宗教であることを、無害で善良な市民の証であるかの如く思いなし、むしろそのことを誇りに感じているというのが現実なのではないでしょうか。

「宗教」をめぐるこうした日本人一般の受け止めは、「宗教」が社会生活の維持において果たす役割についての理解が、いかに世界的な標準からかけ離れているかを示す、わかりやすい例と言えます。しかし、倫理や道徳の成立にとって「宗教」が不可欠だということがいくら声高に叫ばれようが、大半の日本人には、やはりいまひとつ納得し難い、素直には受け容れ難い主張のように感じられてしまうようです。

もっとも、多くの日本人がそう感じるのも無理からぬことで、自覚的に「宗教」を信じていない不信心者が多いせいで現代日本社会の倫理が危殆（きたい）に瀕していると感じている人など、ほとんどいないでしょうし、それどころか、現在でも曲がりなりに社会の倫理が保たれているのは、多くの人が「宗教」に無関心であるからだとすら思いなしている人の割合の方が、圧倒的に多いのです。そのあたりことは、統計上からも言えることで、読売新聞社が五年おきに実施している「日本人の『宗教観』」の調査結果（二〇〇八年）によれば、「宗教を信じるか」という質問に、七一・九％の人が「信じていない」と答え、「日本人のモラル低下は宗教心が薄いからだと思うか」という質問には、七八・五％の人が「そうは思わない」と回答していることからもうかがうことができるでしょう。

けれども、本当に日本人は「宗教」とは無縁な生活を送ってきたのでしょうか。私の率直な感想を述べさせてもらえば、こうした数字が調査結果として示されるのは、大多数の日本人が、「宗教」の概念を、非常に狭い意味でしか捉えていないことに起因しています。その証拠に、同調査の「自然の中に人間の力を超えた何かを感じたことがあるか」という質問には、五六・三％の人が「ある」と答え、「宗教について学校ではどういうことを教えるのがよいか」という質問には、七〇・八％の人が「命や自然を尊重する気持ち」と答えているのです。

これらの数字に示されているのは、現代日本人の、少なく見積っても半数以上が、自然の中に人間の力を超えた、「おのずから」の不可思議なはたらきを感じていたり、生きとし生けるものの命や、命の源である自然を尊重したりする心をもつことの大事さを認識していながら、その種の感情や認識は「宗教」とは基本的に無関係だと理解しているということでしょう。

二 「宗教」と「宗教心」

自然の中に人間の力を超えた何かを感受するとか、命や自然を尊重する気持ちを抱くとかといったことは、ひとえに、見えない現実の背後にうごめく「あや」なるはたらきを察知し、そこに流れる「いのち」を畏れ敬う感情であって、「こころの垂直軸」が獲得されるのも、まさにこうした感情がもととなってのことでしょう。私は、「宗教」の原風景というのは、個々の人間がかかる感情に向き合いつつ生きていこうとするところに見出されるものであるのと同時に、倫理や道徳の源泉も同じところに見出されるのでなければならないと考えています。

しかしながら、「宗教」という言葉を聞いて大概の人が即座に思い描くのは、特定の神を信仰する人たちの団体に所属するとか、一つの教義を頑なに信じ続けるとかいった、きわめて限定的な「宗教」のありようでしょう。そのために、過半数を超える人びとが、自然の中に人間の力を超えた何かを感じたり、命や自然を尊重したりする気持ちの大事さを教えることに意義を認めていたりするにもかかわらず、八割近くの人が「宗教」は信じていないとか、モラルの低下と「宗教心」とは無関係だと回答するとかいった、私の目にはきわめて奇異に映る現象が生まれているのではないと想像されるのです。

本書では、人が「おのずから」の世界に真摯に向き合って生きるときに抱かざるを得ない畏敬の念のことを、「宗教」とは区別して、「宗教心」と呼ぶことにしたいと思います。「宗教心」というのは、「宗教」と必ずしも同じではありません。これらの言葉の間の意味の差異をしっかりと押さえたうえで、再度、先の新聞社の調査結果を見直してみれば、特定の「宗教」は信仰していないとしても、「宗教心」は持ち合わせているという人は決して少なくない、としなければならないでしょう。

それにしても、日本人にとって「宗教」に対する偏見を克服することが容易でないのは、どういう理由によるのでしょうか。私は、「宗教」をめぐる理解を殊更に難しいものにしてきた最大の要因は、「宗教」なる言葉が、日本人にとっては馴染みのない、近代以降に“religion”の翻訳語として生み出された概念であることに指摘できるのではないかと考えています。

明治期以前のこの国で、信仰の三本柱をなしていたのは、「神道」、「儒教」及び「仏教」です。就中（なかんずく）、日本人の「仏教」に対する信仰は、生活と切っても切り離せないものとして、社会に広く深く根を張ってきたと言えるでしょう。

ただ、「仏教」という呼称自体が、近代以降に解禁された「基督教（キリスト）」への対抗心から生み出されたものであるということについては、重々留意する必要があります。明治期以前には、「仏教」は、「仏道」や「仏法」と称されるのが一般的でした。「仏道」の「道」とは、人として踏み外してはならない「みち（道／倫）」のこと、「仏法」の「法」とは、人として従うべき「のり（法／則／矩／範）」のことを意味しています。したがって、「仏道」とか「仏法」とかといった言葉が使われている間は、倫理や道徳を蔑ろにしたり、ぶつかり合ったりするような思想だというふうには、なかなかイメージされにくかった。ところが、「基督教」にも決して引けを取らない教えであるとの対抗意識から、「仏教」という言葉が使われ出して以降、「仏道」（「仏法」）は、どことなく日常性と乖離した、世俗の倫理とは相容れない教えであるかのごとく捉えられるようになっていったのではないかと考えられるのです。

　このように、一〇〇〇年以上もの長きにわたり日本人の生活に寄り添うかたちで命脈を保ってきた信仰でさえも、翻訳文化からの影響を免れることができなかったのだとすれば、西欧の文化に深く根ざした概念の翻訳語として創出された言葉の受容をめぐり、思想的な混乱が起こらないことの方が、むしろ不思議であると言うべきなのかも知れません。

　英語の“religion”の語源は、ラテン語の“religio”にたどることができると言われます。“religio”というのは、「結びつける」という意味の動詞“ligare”に、接頭辞re-が付加されていると見ることができるようです。よって接頭辞re-が、「ふたたび」、「さらに」、「新たに」などを意味することを勘案すれば、「ふたたび結びつけること」、「つなぎなおすこと」というのが、“religion”に対する忠実な訳であったと考えられる。とするならば、さらに掘り下げて問われるべきは、何との結びつきが“religion”において取り戻されるのかという問題でしょう。

　この問題を考える際のポイントは、もともとは一体であったにもかかわらず、一体性が見失われていた何かとの結びつきが再び回復されるという点にあります。要するに、大いなる命のはたらきに支えられていながら、そのことを忘れて自己の小さな殻に閉じこもって生きていた人間が、大自然に抱かれて生かされているということに気づかされる体験をとおして、「もの」の世界との一体感が回復されるところに、“religion”と呼ばれる現象があると理解されてきたということです。英語の“religion”に込められたそうした意味合いは、「宗教」なる〈新漢語〉をとおしては、絶対に見えてこないことは言うまでもないでしょう。

このように「宗教」を、原義にまでさかのぼって捉え直すなら、日本人に「宗教心」がないというのは、相当に穿った見方であることがわかるでしょう。ベネディクトは、『菊と刀』の中で、人目を気にしなくてもよい場合には、よからぬことも、日本人は案外平気でしでかすといったことを述べています。ですが、たとえば街中で財布を落としたとしても、数日後には落とし主のもとに無事届けられるということは、この国では決して珍しいことではありません。そのような類の話は外国人をずいぶんと驚かせもするようですが、私の経験からしても、落とした財布はかなりの確率で、数日のうちに手元に無事戻ってくるのです。

私たちが暮らす社会にそうした現実があることは、私のみならず多くの人も日常的に経験しているに違いありません。にもかかわらず、半世紀以上も前の、しかも一外国人研究者の手による日本人論に便乗するかたちで、概して日本人は「宗教心」が薄く、道徳心に欠けているなどといった言辞がいまなお言論の表舞台で大手を振ってまかり通っているのだとすれば、これを知的怠慢と言わずして何と表現すればよいのでしょうか。

ともあれ、こうした日本の思想的現状を踏まえるならば、自己という存在をめぐる日本人ならではの思想構造を根底から洗い直すにあたって、まずはどのような事柄から着手すればよいのかが、おのずと見えてくるのではないでしょうか。すなわち、現代の日本人の思想において、最大の盲点の一つが、「宗教」にあるということは明白だということです。

三 「おおけなし」

先に紹介した意識調査の中で、八割近くの人が「宗教心」と道徳は無関係だと答えているという事実は、自覚的に「宗教」を信仰していなくても、倫理や道徳の維持には何の支障もない、もしくは「宗教」など信じていないからこそ倫理や道徳が保たれてきたのだといった認識が、日本人の間で広く支持されていることを示していると解釈してよいでしょう。

それにしても、日本社会において、「宗教」あるいは「宗教心」の果たすべき役割が、これほどまで軽視されてきたにもかかわらず、現在でも曲がりなりにも社会の道徳・秩序が維持できているのは、どういうわけなのでしょうか。

私見によれば、その最たる理由は、「宗教心」に相当するものが、私たちが日常的に使用している日本語表現のあちらこちらに、就中（なかんずく）〈やまと言葉〉の随所に、深く刻み込まれていることにあります。実際、日本語の中には、世界の大いなるはたらきと人間とのつながりを回復せしめる「宗教」と同一の思想的構造をもつ言葉や言い回しが、数多く見受けられます。つまり、こうした事実があればこそ、「宗教」の成立に不可欠な、神仏等の概念があからさまなかたちで持ち出されずとも、日本語を使う過程で無意識のうちに「宗教心」が鍛えられてきたと考えられるのです。

前章でも述べたことですが、日本人にとって「もの」というのは、人間のはかりごとを超えた、このうえなくあやしい何かと捉えられてきました。が、それと同時に、人びとの「宗教心」を呼び覚ます淵源であるとも捉えられてきた。換言すれば、人は「もの」に真摯な眼差しを向けることで、自己の存在の卑小さを痛感させられるのと同時に、卑小で無力な自己を包み込んで、この世界にあらしめている不可思議なはたらきに対して畏敬の念を抱いてきたのです。

鎌倉時代の初期に活躍した高僧で、歌人としても名高い慈円（一一五五－一二二五）に歌われている歌に、次のものがあります。

おおけなくうき世の民に おおうかな わがたつそまに 墨染の袖

（まことに身の程知らずのことではあるが、この生きづらい世に生きている人々を、私が住んでいる比叡山の墨染の袖で包み込んであげたいものだ）

「百人一首」にも収録されている有名な歌ですが、冒頭に見られる「おおけなく」は、「大それている」とか「恐縮する」などの意味をもつ形容詞、「おおけなし（大気なし）」の連用形です。ただ、多くの人には、「おおけなし」というのは、耳慣れない言葉のように感じられるかも知れません。ですが、「おおけなし」の音変化したものが、「おっかない」だと言われれば、現代人にとっても十分に馴染みのある言葉だということがわかるはずです。

もっとも、「おっかない」は、現代の日本語では、もっぱら「おそろしい」といった否定的な意味でしか使われません。しかしながら、「人智や人力を超えた「もの」のはたらきに気圧（けお）され、自己という存在の小ささに気づかされることで、身の縮まる思いがする」というのが、この語に込められていたもともとの意味だったのです。

このように、自己を超えて自己を包み込む大いなる存在に触れることから生じる畏怖や畏敬の念を、日本人は「おおけなし」（「おっかない」）という言葉で言い表わしてきたわけですが、見逃せないのは、「もの」に畏怖し、おのれの卑小さを痛感させられることは、自己という有限な存在が絶対的に肯定される機縁ともなってきたということにあります。「宗教心」だけがもつ独自の性格が指摘できるとすれば、まさにこの点であって、種々の「宗教」を成立させてきた思想的根拠も、この「宗教心」のうちにあるとされなければならないでしょう。

慈円という人は、天台宗の座主（首席の僧侶）まで務めた一廉の人物でした。そうした背景からして、彼の歌が宗教的な香りを強く漂わせているのは、当然のことと言えるのかも知れません。しかしながら、慈円のような俗世間と距離を置く筋金入りの宗教者でなくとも、文学の世界などでは、同様の「宗教心」が、さまざまな人物により、さまざまなかたちで表現されてきたことは、紛れもない事実です。

そのような「宗教心」は、慈円から遠く時代を隔てた志賀直哉（一八八三－一九七一）の、「ナイルの水の一滴」と題された作品の中にも、はっきりと見て取ることができます。

> 人間が出来て、何千万年になるか知らないが、その間に数えきれない人間が生まれ、生き、死んで行った。私もその一人として生まれ、今生きているのだが、例えていえば、悠々流れるナイルの水の一滴のようなもので、その一滴は後にも前にもこの私だけで、何万年遡っても私はいず、何万年経っても再び生まれては来ないのだ。しかも尚その私は、依然として大河の一滴に過ぎない。それで差支えないのだ。

ここに引用したのは、作品の全文です。この中で志賀直哉が表明しているのは、次のような思いでしょう。すなわち、自己という存在は、悠久の歴史、無限の世界のただ中にあって、ごくちっぽけな、取るに足らない存在でしかないにもかかわらず、そのような自己が、この世界における唯一無二の、かけがえのない存在として実感されるといった、二律背反的な思いです。こうした一見論理矛盾を孕んだ個人的感慨の表明というのは、「ナイルの水の一滴」に限らず、この国の文学にあってはめずらしいものではありません。

私には、この志賀直哉の文章は、日本三大随筆の一つとされる『方丈記』冒頭の有名な文章、「行く川の流れは絶えずして、しかももとの水にあらず。よどみに浮ぶうたかたは、かつ消えかつ結びて、久しく止まる事なし。世の中にある人と住家と、またかくの如し」をモチーフにしたもののように思えてなりません。真偽のほどは本人に尋ねる以外にはないのでしょうが、ともかくも、そう思わずにはいられないほど、無常なる世のありようが語られることで、逆に存在のかけがえのなさが際だってくるといったことは、日本の文学においてはしばしば見られる手法でもあるのです。

四　「宗教心」の役割

「おおけなし」以外で言えば、「かしこ」というのも「宗教心」に直結する〈やまと言葉〉の一つと言えます。「かしこ」が使われるのは、基本的に、圧倒的な霊力を有する「もの」や偉大な人物を畏れ敬うような場合です。一昔前までは、女性の手紙が「かしこ」という言葉で締め括られるなど、一般にも広く用いられてきました。これが「宗教心」に直結するというのは、（神道の）祝詞（のりと）の中に「かしこみかしこみ申す」という言葉があることなどからも、容易に想像がつくでしょう。

「かしこ」の動詞形は「かしこむ（畏む）」です。この動詞には相手に対して自分自身を負の方向に低めることで、相手の価値を相対的に高め、相手に恐縮するという機能を認めることができます。日本人はこのように、畏くも貴き存在に相対するとき、相手との間の大きな隔たりを感じて、ひたすらひれ伏すということをしてきたのです。

現在私たちが日常会話の中で用いる形容詞の「かしこい」には、「利口でものわかりが良い」といった意味くらいしかありません。ですが、この言葉にしても、元来は、神ないし神がかった能力をもつ存在に対して畏れ入る気持ちを言い表したものだったのです。

現代人でも、サービス業などに従事している人であれば、「かしこまりました」といった言葉を頻繁に口にしているでしょうし、客として訪れた店で、店員に畏（おそ）れ入られたり、畏（かしこ）まられたりするということは、日常茶飯事でしょう。この場合、店員が畏まっているのは、形式的には客に対してです。しかしながら、店員は目の前にいる客に対して畏まっているように見えて、実のところ、来店した客の背後をなす関係性の世界に対しても畏れ入り、畏まっているのです。店員が、たんに客に対して畏まっているのであれば、客の側としては、身の程にもない恐縮のされ方に、かえって戸惑いや不快感を覚えてしまうことでしょう。ですが実際には、そのように感じられるようなことは、まずありません。それは、畏まる側が、客の背後に無限に広がる「おかげさま」の世界に対しても、畏まっているからでしょう。

さらに言えば、「かたじけない」というのも、大いなるものにひれ伏し、「かしこまる」気持ちが表出された〈やまと言葉〉として、かつては頻繁に使われていたようです。

西行法師（一一一八－一一九〇）が、伊勢神宮を参拝した折に詠んだとされる歌に、次のものがあります。

何ごとの おはしますかは 知らねども かたじけなさに 涙こぼるる

「かたじけなし」（「かたじけない」）は、「難(かた)しき気なし」が転じたもの、あるいは「固んずる気なし」が転じたものと言われています。私たち有限者が、大いなる「もの」の存在に気づかされるときには、恐縮のあまり身を固くして畏まるのが通常の反応(リアクション)であるはずなのに、そのような反応を十分に示さないでいる自分のことを、「固んずる気なし」と責め立てる気持ちが、この歌に詠み込まれていると解釈できる。つまり、大いなる「もの」に対しては、どれだけ恐縮しても恐縮し切れないという強い思いが、この歌に歌われているということです。

「かたじけない」は、漢字混じりでは、通常「忝ない」と表記されます。「忝」は、日本生まれの和製漢字で、「夭」と「心」の二つの部位に分解することが可能です。ただ、「心」のうえに覆い被さるように置かれる「夭」は、もともとは「天」だったようで、天の下で畏まる人間の心を表象したのが、「忝」だったとも言われています。そうしたことからも、私たちは、「かたじけない」という〈やまと言葉〉に込められた先人たちの「宗教心」を、ありありと感じ取ることができるのではないでしょうか。

私が子どもの頃は、「お天道様」というのは、死語ではありませんでした。日本の文化は「恥の文化」と言われてきましたが、「お天道様が見ているぞ！」などと、「天」の下の存在であるという自覚を促すことで振る舞いを正させるといったやり方は、日本人の倫理を支える「こころの垂直軸」として、三、四〇年前くらいまでは、多少なりとも効果的に機能していたように思われます。

ところで、「嘘をついたら閻魔様に舌を抜かれるぞ！」とか、「悪いことをしたら地獄に落ちるぞ！」といったことも、私が子どもの頃にはよく耳にしたものです。これらの文句も、一見、「お天道様が見ているぞ！」と同様、「こころの垂直軸」に訴えて人びとの「宗教心」を刺激し、振る舞いを正させる類のもののように感じられるかも知れません。しかし、私は、罰ということをもち出してきて他人の行いを制するやり方は、本書で言うところの「宗教心」にはたらきかけるやり方とは、明確に区別される必要があるだろうと考えています。

「悪いことをしたら捕まるぞ！」とか、「嘘ばかりついていると他人に愛想を尽かされるぞ！」などという言い方にしてもそうですが、これらに共通しているのは、自分に不利益が生じさえしなければ構わないといった発想で、世俗世界の道理に回収可能な論理と言えます。損得勘定で人を動かすのが「世知」で、権力で人を動かすのが「政治」であるとするならば、「宗教」というのは、「世知」とも「政治」とも違うはずです。そうである以上、「宗教」には「宗教」特有の、「世知」や「政治」とは異なる次元、異なる原理で、人間を動かす力があるとしなければならないでしょう。

ところが、多くの人が、罰を当てたり奇瑞（奇跡や霊験）を示したりして、正しい行いへと人を導こうとするところに、「宗教」の固有の性格があるかのように思いなしているというのが、この国の「宗教」理解をめぐる現状なのです。しかし、それでは「宗教」が人間に与え得る影響は、「世知」や「政治」のそれと何ら変わらないということになりかねません。

とは言え、私は「宗教」に対する無理解を引き起こした原因を、現代日本人の思想的な浅さだけに帰するわけにはいかないだろうとも考えています。なぜなら、この国にはいわゆる伝統宗教を含め、「御利益」を謳ってきた宗派や教団が、少なからず存在するからです。私に言わせれば、祈禱の有無や布施の多寡、積善の功徳等々により願望が成就するか否かが左右されるといったような発想は、権力者に媚びを売ったり賄賂を贈るなどして、自分に有利に事が進むよう画策することと、本質的に変わりがないのです。

「お天道様」というのは、太陽のことですが、「天」という文字が含まれているせいか、そこにはいくらか宗教的な響きが感じられます。しかし、そこには、「閻魔様」や「地獄」とは、決定的に異なる性格が指摘されなければなりません。それは、「もの」が、人びとの行動をつねに監視し、誤った行いを懲らしめる存在でないのと同様に、「お天道様」もまた、人間に対して何の賞罰も与えることがないという点です。このことが意味しているのは、要するに、人びとが「お天道様」の目を気にかけて自己のありようを反省し、振る舞いを正そうとしてきたのは、罰が当たるのをおそれてのことでは、必ずしもなかったということです。

「天道」に照らして各人がおのれの生き様を見つめ直すということは、各々がさまざまな関係によって織りなされる「おのずから」の世界の中に位置づけられた存在として「みずから」を振り返り、自己の振る舞いを可能な限り世界と整合的なものにしていくことにほかなりません。こうした自省のはたらきと倫理的行為との関係は、自己という有限な存在が無限の「いのち」に支えられてあるとの一人称の頷きに促されるかたちで、なすべきことをなそうと努めるところにその固有の機能を認め得る「宗教心」の構造と、完全に重なり合ってくるものと思われます。損得勘定に訴えたり、恐怖心を植え付けたりするなどして、他人を正しい行為に導こうとすることが、「宗教心」のはたらきと似て非なるものとされなければならない理由は、まさにこの点に指摘されなければならないでしょう。

私は第二節のおわりで、現代日本人の思想における最大の盲点は、「宗教」に対する無理解にあると言いました。実際、近代以降、現在に至るまで多くの日本人が「宗教」に対して抱いてきた印象は、危険極まりない思想であるといった、相当にネガティブなものと言ってよいでしょう。そこには、「宗教」が押し並（な）べて損得勘定や恐怖心を煽ることで成り立ってきたといった誤解が、少なからず影響を及ぼしているものと思われます。しかしながら、「宗教」に対する認識がその程度のものに止まっている限り、容易に「世知」や「政治」との混同が起きてしまうだけでなく、他人の精神を支配し、コントロールしようとする似非宗教の跋扈（ばっこ）を許すことにもなるということを、私としては強く憂惧せずにはいられないのです。

五　「自覚」の構造

「英知人（ホモ・サピエンス）」、「工作人（ホモ・ファベル）」、「遊戯人（ホモ・ルーデンス）」など、人を他の動物と区別する際の定義として、さまざまなものが提唱されてきました。そのうちの一つに、「宗教人（ホモ・レリギオス）」というのがあります。「宗教心」

をもつのは人間だけだという点に着目してのものですが、これは畢竟、「みずから」が「みずから」を省みることができるという、人間の特殊な能力に由来しているものと思われます。

　私たちの肉眼に映るのは、自己の外部に茫漠と広がる世界です。しかし、肉眼では決して捉えられることのないものが、この世界にはただ一つだけ確固として存在します。それは自分自身の眼です。眼は見る主体であるために、私たちは自分の眼を直接に客体として捉えることができません。「見る」という行為が成り立つには、「見る」主体と「見られる」客体との間に、物理的な距離が必要になってくるからです。こうした見る主体であるところの眼の構造を少々敷衍して、自己という主体に当てはめて言えば、私たちは自分自身に最も親しい自己という存在だけは、客観的に眺められないと言うことができるのではないでしょうか。

　とは言うものの、私たち人間が「自省」の能力、すなわち「みずから」を客観的に省みる力を持ち合わせていることも事実です。無論、「自省」という行為が成り立つには、一個の自己が、見る主体と見られる客体とに分かれていなければならないために、眼に眼が見えないのと同様、物理的に不可能なことは言うまでもありません。にもかかわらず、人間に「自省」能力がそなわっていることを否定する人は、おそらく誰ひとりいないでしょう。

　ある意味、そうした離れ業とも言うべき芸当が可能なのは、見る主体としての自己の視点を、いったん自己が属する世界の外部に仮想的に据えたうえで、世界の中に位置づけられた「みずから」を客観的に捉えるといった、いささか込み入った手法が採用されているからです。「自覚」とは、まさにそのような自己認識のありようを指す仏教語なのですが、「自省」や「自覚」に基づいて行動できるのは、地球上の数多の生物の中でも唯一、人間だけだと言ってよいでしょう。

そのように、自己なる一個の存在が、見る主体と見られる客体とに分かれるという、現実にはあり得ないはずのことを可能にする能力に、人間と他の動物とを分け隔てる本質的違いを見て取るというのは、私にはかなりの卓見であるように感じられます。

「自省」や「自覚」以外で、「みずから」が「みずから」を振り返るといった行為と結びつきをもつ人間の思考様態を言い表した言葉として思い浮かぶものに、「遠慮」があります。通常、「遠慮」という〈漢語〉が、どのような場面で用いられるかと言えば、他人に何かを勧められて、その勧めを丁寧にお断りするような場合です。そうしたケースでは、日本人はストレートに「嫌です」とは言わずに、大概、「遠慮します」などと返事をするものです。このとき、頭の中ではどんな思考が展開されているのでしょうか。おそらくは、多種多様な関係性によって織りなされる世界のただ中に自己という存在を位置づけて省みることで、自分自身を客体として遠望し、さまざまな事柄を慮った末に、やめておこうと判断を下していると考えられます。

諸般の事情をできるだけ客観的かつ総合的に「遠慮」し、「みずから」の出処進退を決めるというのは、自己を客体として「おのずから」の世界に位置づけて反省するといった、人間ならではの能力のなせる業であり、「あわい」の構造に根ざした思考の中から導かれてくる行為以外の何ものでもないでしょう。

日本の文化を「恥の文化」と押さえたベネディクトの目には、日本人の行動を規定しているのは、世間体や外聞であると映ったようですが、「自覚」の構造の中で見渡されているのは、世間体や外聞などといった肉眼に映るものだけには限られません。「遠慮」というのは、正確には「深謀遠慮」のことです。そこにおいて要請されるのは、関係性の中に埋もれた視点からでは決して見ることのできない複雑に入り組んだ世界を、推論や想像力を駆使することで、どこまでも深く謀り、遠くまで慮ろうとする姿勢であって、目に見える範囲の事柄だけに限定され得るような「浅謀近慮」でないことは明らかです。そのような「自覚」ないし「遠慮」の姿勢に、宗教的な眼（まなこ）が獲得されるのと同等の効果があることに疑いを差し挟む余地は、微塵も見出せないでしょう。

「お天道様が見ているぞ！」という言い回しに話題を戻せば、これは他人を強迫して、具体的な行動を起こさせる類のものでは断じてありません。全体世界の因果のうちに「みずから」を位置づけ、自身のありようを最大限「遠慮」せよと「自覚」を促す言葉以外の何ものでもないのです。現に、私たちは、他人に注意を促したいときには、この種の言い回しを、いまでも頻繁に使用しています。

たとえば、他人に禁煙を促したいときは、「煙草を吸わないでください」と相手にストレートに要求するよりは、「煙草はご遠慮ください」などと、間接的に先方の「遠慮」にはたらきかける言い方が、はるかに好まれます。英語の“No smoking”などと比べれば、実に遠まわしな言い方と言えるのでしょうが、そこには、「みずから」がなそうとしている行為を遠くから慮ることで、必然的に「宗教心」が掻き立てられ、煙草を吸うことがおのずと憚られることが期待されるのとともに、相手に対しても角が立たないで済むといった配慮がはたらいていることは、間違いないでしょう。

六 「有り難い」現実

「かしこまる」、「遠慮する」もさることながら、常日頃私たちが口にしている言葉のうち、「有り難い」（「ありがとう」）ほど、日本人の「宗教心」が色濃く滲み出ているものはほかにないと言えるのかも知れません。

「ありがとう」は、通常、感謝の意を示す言葉として使われています。ですが、字義通りには、「有ることが難い」、「滅多にない」といった意味です。そのような意味の言葉が、なぜ謝意を示す表現として定着していくことになったのか、そのあたりの事情について、私たちはいまいちど原点に立ち返り、背景をなす思想構造を押さえ直してみる必要があるでしょう。

「有り難い」という発想も、仏教に由来するものです。仏の教えの救いにあずかるには、当然のことながら、仏法を信じないことにははじまりません。ただし、いくら仏法を信じることが救いの前提条件であるとは言っても、いまだ仏の教えに出遇ったことのない人が、仏法に救いを求めようなどと思うはずがありませんし、仏法に触れる機会すらないのなら、信じる信じない以前の問題であると言うほかないでしょう。

だとすれば、どうすれば人は仏法に出遇うことができるのでしょうか。しかし、こればかりは、人間の努力の及ばない、まったくもって偶然に委ねられた出来事と言うしかありません。このことが意味しているのは、仏法を求めたり信じたりすることよりもはるかに難しいのは、仏法自体に出遇えるかどうかだということでしょう。そしてもし人が仏の教えに出遇うことができたとすれば、それはほとんど奇跡に近い、非常に稀な出来事と言っても過言ではないはずです。

古い仏典の中に、「盲亀浮木（もうきふぼく）」と呼ばれる喩え話があります。仏法に出遇うことがどれほど稀有な出来事であるかを教える喩えですが、それによれば、仏法に出遇えたというのは、普段は海中深くに棲んでいて一〇〇年に一度しか姿を現さない盲目の海亀が、水面から首を出したときに、その首が大海原に漂う浮木の穴にすっぽりとはまるくらいに「未曾有（みぞう）」のことだとされています。ここに見られる「未曾有」という語は、梵語で「奇跡」のことを意味する“adbhūta”の漢訳で、書き下せば「未（いま）だ曾（かつ）て有らず」です。現在でも「ありがとう」という言葉を日本人は頻繁に口にしますが、これは現実に起こった出来事を、「有ることが難い」、「滅多にない」こととして受け止めてきた仏教思想を背景に使われはじめた言葉にほかならないのです。

日常に経験される諸々の出来事が、「みずから」の努力によって生み出されたと感受されている間は、「有り難い」ということが身に染みて感じられるようなことはないでしょう。しかし、私たちがいったん、世界に起こるすべての出来事は、主体と客体との「あわい」に生じたものだといった見方に深く頷かされたならば、それまでの世界観に劇的な変化が生じてくるのではないでしょうか。

鎌倉時代から南北朝時代にかけて生きた兼好法師（一二八三頃－一三五二頃）は、随筆『徒然草』の中に、今日まで自分が生きてこられたのは、「ありがたき不思議」であるとの深い感慨を綴っています。

兼好法師は、世の無常を痛感して三〇才前後で出家する以前は、俗事に携わることを生業とする官人でした。「みずから」が無常なる世界のただ中に生きていると感受されるということは、「あわい」のうちにたまたま生じた、泡沫（うたかた）のごときはかない存在として自己が感受されるということでもあるでしょう。もっとも、無常なる「あわい」の中で奇跡的に生かされているとの感慨が深ければ深いほど、自己という存在に限らず、この世で経験される出来事を「有り難い」と感じる感性がよりいっそう研ぎ澄まされるということは、兼好法師の言葉を引き合いに出すまでもなく、容易に想像できるのではないでしょうか。

ところで、「ありがとう」は、英語の"Thank you."と同じく、他者に対する労いの気持ちを表わす言葉であると、案外、多くの人が理解しているようです。けれども、「有り難い」というのは、あくまでも自己における現実認識を表明した言葉であって、直接的には、他者への感謝を言い表す類のものではありません。換言すれば、「みずから」に経験された現実が、滅多にない、奇跡のような出来事と捉えられるところに発せられてくる言葉が「有り難い」であって、他者の行為というのは、その場合には、せいぜい自分にとって稀有な事態を出来させた無数にある契機の一つくらいにしか位置づけられていないということです。

であるならば、どんな現実であれ、「おのずから」と「みずから」の「あわい」のうちに立ち現れた「未曾有」の、「有り難い」出来事として受け止められることで、その経験をこれからの人生を仕合わせていくための糧として、最大限、生かしていく以外にないということになるのではないでしょうか。私には、「盲亀浮木」の喩えが伝えてくれている大事な教訓は、まさにその点にあるように感じられます。いずれにせよ、偶然の僥倖に生かされていることへの深い感慨を「有り難い」(「ありがとう」)という言葉に込めてきた日本人の間に、この世のあらゆる出来事を常なきものと観る仏教の世界観が共有されてきたということは、間違いないのです。

明治期から大正期にかけて活動した仏教学者の大内青巒(一八四五－一九一八)が、『法句経』、

『華厳経』、『法華経』の三つの経典の文句を組み合わせて創作したとされる「三帰依文」の冒頭に、次の文言を見ることができます。

　人身受け難し、今已に受く。仏法聞き難し、今已に聞く。この身今生に向って度せずんば、さらにいずれの生に向ってか、この身を度せん。

　仏教の思想では、基本的に「輪廻転生」、すなわち人は生まれ変わるという、インドに古くからある発想が受け継がれています。「三帰依文」の中で「人身受け難し」とされるのは、いまこの世に私たちは人として生を受けてはいるけれども、前世では人ではなかったかも知れず、今生に人間として生まれたという事実を、非常に稀で「有り難い」ことと受け止める存在認識が下地になっているからです。また、「三帰依文」には、「仏法聞き難し」といった文言も見られます。ここにも、この世に人間として生を受けたことの有り難さにもまして、今生において仏法に出遇えた事実を奇跡中の奇跡だとする認識を、はっきりとうかがうことができるでしょう。

　こうした「未曾有」で「有り難い」出来事を、私たちは個々人がどのように人生を「仕合わせ」ていく力に変えていくことができるのか。はたまた人間として生まれ、なおかつ仏法を聞くことができたという事実を、千載一遇のチャンスとは捉えずに、今生で救われようとしないのなら、いったいどの生において救われるというのか――。私は、「三帰依文」が私たちに投げかけているのは、まさにこのことに尽きているのだろうと見ているのです。

「有り難い」というのは、このように、人びとのはからいを超えたところで現にこの身に経験された出来事を、滅多にないこととして受け止める言葉であるのと同時に、自身が出遇うどんな出来事も、未来を切り拓く力に変えていこうとする思想的態度に支えられた、すぐれて宗教的な言葉だと理解できるのではないでしょうか。

七 「ゆめ」か「うつつ」か

しかしながら、自分自身が「有り難い」現実を生きているとの認識は、裏を返せば、いままでの「仕合わせ」が一刹那に水泡に帰したとしても何ら不思議ではないということでもあるでしょう。だとするなら、この世で経験される出来事のすべてが、偶然性に支配された、かりそめのはかない現象として夢幻の如くに感受されるということも、表裏一体の事実として認めざるを得なくなってくるはずです。

平安初期の歌人で、絶世の美女との誉れ高い小野小町（生没年未詳）は、「みずから」に経験される現実を、次のように歌にしています。

世の中は夢か現か現とも夢とも知らずありてなければ

このように、小野小町の目には、眼前に繰り広げられる出来事というのは、「夢」とも「現」とも区別がつかないもの、あってなきがものの如くに映っていたことがわかります。だからと言って、生きていること自体が無意味だと感じられていたかと言えば、決してそうではないでしょう。もしも生きていること自体が無意味だと感じられていたのだとすれば、自分の思いを歌にしようなどとは思わなかったに違いないからです。むしろ「みずから」の心情を歌にして表出するという行為は、彼女が自分なりにはかない人生を仕合わせていくうえで、かろうじて活路を見出すことのできた、簡単には手放すことのできない手段の一つだったと考えられるのです。

一説では、「夢」は「寝目（いめ）」が音変化したものとも言われます。就寝中、私たちは目を閉じています。にもかかわらず、脳裏には目を開けて活動しているときと変わりなく、さまざまな光景が目眩（めくるめ）く展開されており、それが夢なのか現実なのかについてはまったく区別がつかない――。「寝目」とは、もともとそうした状態のことを指す〈やまと言葉〉だったと推測されるのですが、やがてそれが「ゆめ」と発音されるようになっていったようです。

「夢」ということをめぐっては、平安中期を代表する歌人の和泉式部（生没年未詳）なども、この世を「夢の世」と見立てた、次のような歌を詠んでいます。

はかなしと まさしく見つる 夢の世を おどろかで寝る 我は人かは

（我が身に経験されるすべてが夢だとは知りつつも、なお夢のまどろみに浸って生きている自分という存在は、もしかすると人間であるとすら言えないのかも知れない）

和泉式部のこの歌からひしひしと伝わってくるのは、「みずから」が「はかない」現実に身をやつしているとの内省を経たうえで、生の現実を見つめ直そうとする真摯な態度です。彼女が、「我は人かは（私ははたして人なのか）」と、自虐的ともとれる言葉を自分自身に差し向けるとき、相も変わらず夢から醒めずにいる己を責めているのか、はたまた夢のような現実にしがみついて生きようとしている己のはしたなさを恥じているのかは、正直、測りかねます。しかしながら、小野小町が「世の中」を「夢」とも「現」とも見ていたように、そんなことはどちらだろうが、本質的には重要な問題ではなかったはずです。和泉式部が嘆いているのは、「夢」と「現」の「あわい」の中で、「いいあんばい」、「いい加減」に生きることができていないことの不甲斐なさ、現実の世界において経験される種々の出来事を、「有り難き仕合わせ」と感じることのできない、自身の「諦め」の不徹底さであるように感じられるからです。

　平安貴族の女性たちによって異口同音に語られるこうした感慨を、感傷的に過ぎるとか、物事に理性的に向き合う姿勢の欠如だとして、一笑に付すのは簡単なことです。が、少なくとも近代以前の日本人は、そのようには捉えてこなかった。と言うのも、「はかなし」は、漢字混じりでは「儚し」と表記されてきました。人偏（にんべん）に「夢」と書くこの漢字は、本来、「暗くてはっきりしない」ということを意味したようです。ところが日本人は、この漢字に「人」が見る「夢」という意味を独自に読み込んで、あえて「はかなし」と訓読してきたのです。

「はかなし」（「はかない」）の「はか」とは、「はかる」の「はか」にも通じる概念で、田植えや稲刈りのときに、人為的に割り当てられた区画のことを指しました。そのことから、人間の計画や人為的な行為が及ばないといった有限性の感得を言い表した言葉が「はかない」だったと推測できるのですが、人間のはからいには必ずや限界があることを踏まえるならば、起きて活動している間に目の当たりにする出来事も、寝床で見る夢（寝目）も、不確かさの点では変わりがないではないかとの諦観に至らざるを得ないことは、想像に難くないでしょう。

ただ、つねにそうした諦観を強く意識しながら日々の生活を送っている人が、実際のところどれほどいるかと言えば、それほど多くはないのかも知れません。そのため、私たちはややもすれば、世界の物事を意のままにしようとつい躍起になってしまう。そのことは、和泉式部にしても同じだったのでしょう。だからこそ彼女は、今生に人として生を受けていながら救いの道に背を向けてしまっている己のありようを振り返り、ひょっとしたら自分は人間以下の存在なのではないかと疑ってかからずにはいられなかったのではないでしょうか。

和泉式部の目に現実の世界がどのように映っていたかを捉え直すにあたり、「はかなし」と並んで注目されるのが、「おどろく」（「おどろかで」）という〈やまと言葉〉です。

動詞の「おどろく」は、古文では大概、「目が覚める」とか「はっと気づく」とかといった意味で用いられます。和泉式部の歌中に見える「おどろかで」も、一義的には「目が覚めないで」といった意味に理解できるのでしょうが、この動詞の原義に立ち返るとき、あらためて思い知らされることは、目が覚めたりはっと気づいたりということも、私たちが主体的かつ意識的になし得る行為ではないということです。つまり、そこでは、世界の側からのはたらきかけが欠かせないということ、言葉を換えれば、自分以外のどこかからもたらされる外的な作用なくしては、「おどろく」ことすらできないという意味において、「あわい」の構造を明らかに指摘し得るのです。

もっとも、「おどろく」という現象において指摘され得るそうした構造は、〈やまと言葉〉だけに見受けられるものではありません。英語でも、「おどろく」は、"be surprised" と受動態で表現されますし、「おもしろい」にしても、"be interested" と、受動態で表現されてきたのです。

そのように、外の世界からの「おのずから」の促しなくしては、驚いたり面白がったりできないというのは、人間存在が有限であると見なされる以上、洋の東西を問わず、普遍的に共有されてきた道理と言えるのではないでしょうか。

ともあれ、私たちが個々の有限な生を謳歌することができるかどうかは、「夢」とも「現」とも区別がつかない世界の中で経験される出来事を、「有り難い」ことと感受できるかどうかにかかっていると考えられてきたことは確かなようです。もちろん、そうした感受性が獲得されたかと言って、つねに新鮮な気持ちで世界の出来事に驚けたり面白がれたりできるかと言えば、和泉式部も嘆いているように、現実にはそう簡単なことではないのかも知れません。自己と世界との間にどのように折り合いをつけて生きていけるかといった、「あわい」をめぐる人生の課題に、定まった答えなど求むべくもないからです。

八 「科学」を語る言葉

「愚者」の自覚というのは、「みずから」が他の支えなしには存在し得ない身を生きているといった感得にいまだ至った経験のない人にしてみれば、まったく無縁なものでしょう。自己が「愚者」であるとの認識をもたない人間というのは、得てして自分自身を「賢」と思いなす傾向があるようです。「賢者」という言葉から、現代人の多くが思い描くであろうイメージは、どんな困難な状況下でも取り乱したりせず、直面する難題に正しい答えを示せるといった人間像ではないでしょうか。

「賢」という漢字に、否定的な意味合いはありません。しかし、日本人は「賢」という漢字を、

「かしこ（し）」とか、「さか（し）」と訓読してきた。形容詞「かしこし」に関しては、「かしこまる」について論じた箇所で触れたので詳説はしませんが、「さかし」に関して言えば、「盛ん」や「栄える」などとも語幹を共有しており、「かしこ」に通じる肯定的な意味合いが含まれていることは確かです。けれども、「さかし」は、曖昧な状態を示す接尾辞「ら」が付加されて「賢しら」と言われたり、「少しばかり」という意味を添える接頭辞「小」が冠されて「小賢しい」などと言われる場合には、一転して、否定的な意味合いを帯びてくることも事実です。

「賢しら」という〈やまと言葉〉をめぐっては、古くは『万葉集』の中に、「さかしら」な人間を詰（なじ）った、次のような和歌を確認することができます。

あなみにく さかしらをすと 酒飲まぬ 人をよく見れば 猿にかも似る

「さかしらをす」とは、ここでは「自分を必要以上に賢く見せようとする」という意味です。他人から勧められた酒の杯を、賢者ぶって拒み続ける人のことを、詠み人は、「ああなんて見苦しい、宴（うたげ）も一緒に楽しむことのできない、猿みたいな奴だ」と、強く非難しているのです。そこには、どれだけ賢そうに取り澄ましてみたところで、世界を意のままにできないのが人間であるからには、殊更に賢者ぶった振る舞いをすることは、有限な人間の嘘偽りのない姿から外れているのみならず、無理に取り繕った小賢しい人間とは同じ生の地平で生きていくことができないといった、古人（いにしえびと）の強烈な非難の気持ちを汲み取ることができます。

「おのずから」の世界と向き合って知恵を絞り、「みずから」積極的に「もの」の世界にはたらきかけて「こと」をなすことは、「する」ことなくして「なる」ことのない日常を「盛ん」ならしめ、「栄え」させるためにも不可欠な営みです。その意味では、人間の「賢しさ」そのものが、必ずしも否定的に捉えられていたわけではなかったはずです。

だとすれば、人間の生活に不可欠な「賢しさ」は、どのような場合に否定的なものに受け止められてくるのでしょうか。それはほかでもなく、「みずから」のはたらきかけが盛んになり過ぎることで、「おのずから」の世界との間の「あわい」が失われ、自力偏重に陥るときでしょう。

ですが、「賢しら」だの「小賢しい」だのと非難される側の人間にしてみれば、自分は論理的な判断に従って正しく立ち回っているというのに、どうしてそのような誹りを受けなければならないのかと、まったくもって理解に苦しむことになる。つまり、「小賢しい」などと詰られる側としては、自分の振る舞いを非難する人間の方がよほど理不尽で、感情論でものを言っているとしか感じられないのではないかということです。

そうなると、両者の議論はもはや水掛け論に終始するほかないのでしょう。私には、そうした水掛け論は、起こるべくして起こっているようにしか思えません。たとえば、二人の人が同じ物体を見ているとします。ところが一人は、三角形の物体だと主張して譲らず、もう一人は、円い物体だと主張して譲らない。事実は一つで、しかも二人とも間違ったことを主張しているわけではないのに、両者の間にどうして見解のズレが生じてしまうのでしょうか。それは、一人が円錐形の物体を真横から眺めて「三角形だ」と主張しているのに対し、もう一人は、同じものを真上から眺めて「円い」と主張しているからです。

三角でもあり円くもある物体が存在すると聞いて、すぐにそれが円錐のことだと解るのは、この世に円錐と呼ばれる三次元の物体があることを経験的に知っているためです。かりに立体の構造物というものをいまだ経験したことがない人がいたとしましょう。その人にいくら懇切丁寧に言葉で説明したところで、円錐と呼ばれる三次元の物体を理解してもらうには、相当な難儀をともなうでしょう。

言葉というのは、「事の端」として「もの」の世界を二次元的な論理で切り出すのには、ある程度、効果を発揮します。それに対して、複眼的な視点をもたないことには見えてこない三次元的な論理をすっきりと表現するのには、いささか不向きなところがある。そのため、言語に依拠して展開される私たちの思考は、どうしても言葉がもつ二次元的な性質に縛られがちで、「みずから」と言えば、「自力」（＝「他力」の否定）、「おのずから」と言えば、「他力」（＝「自力」の否定）といった具合に、「自力」でありかつ「他力」であるなどといった語り口は、無意味であると斥けられてしまうことになるのです。

無数の関係性に織りなされる現実の中から、いくつかの事柄を「事の端」として任意に切り取り、それらをかなりの程度まで論理的・整合的に記述することは、不可能なことではありません。そうした世界の記述の仕方は、通常、「科学的」と見なされます。先に述べた「ことのかたり」も、この種の語りに分類できるのでしょうが、こうした語りが厳格に適用される場合には、世界を語る主体の視点は世界の外部に置かれることになり、そこから客観的に眺められる諸存在のうちには、世界の観察者である自己は含まれないことになるでしょう。

しかしながら、そのような仕方で世界を客観的に捉えて記述する主体である私たちもまた、世界内のさまざまな関係性に取り巻かれた存在（「世界内存在」）であることは否定できません。そうである限り、客観的に世界を眺めて、そのありようを厳密に記述するということは、原理的に不可能であると言わなければならないはずです。にもかかわらず、「ことのかたり」、「科学」の語りには、世界を構成する無数の因子からの影響を免れているかのような固定的視点から世界が語り出されるという特徴が認められる――。本書では、そのような仕方で世界を記述せんとする「科学」的な語りのありようを、「三人称の語り」と呼ぶことにしたいと思います。

　客観性を標榜する「三人称の語り」が効果的に機能するのは、たとえば他人を「説得」しようとするような場面です。「説」という漢字は、訓読みすれば「とく」です。〈やまと言葉〉の「とく」には、「説く」以外にも、「解く」や「融く」、「溶く」などの意味があります。これらのことから推し量られるのは、おおよそ以下のことではないでしょうか。つまり、多様な要素が複雑に絡み合っているために理解し難かった現象を、言葉を用いて丹念に解きほぐし、因果関係をはっきりさせることで、それまで固いと感じられていた世界をいくらかでも融かし出し、理解可能なかたちに整理するのと同時に、そこに見えてくる因果関係を、他人にも道理として会得させることを通じて世界観の共有を試みるところに、「説得」と称される行為が成立するということです。「三人称」を標榜する「科学」の語りが、万人に妥当する真理であるとされるのは、概ねそうした理由によるものと考えられます。

　しかしながら、「三人称の語り」において前提となる客観的普遍性というのは、任意の固定的視点からある現象を眺めた場合に、合理的・整合的に説明がつくといった性格のものである以上、少しでも視点が変われば別様の記述や解釈も成り立ち得るという可能性を、完全に排除することは難しいように思われます。だからこそ、科学はこれまで発展してきたし、私たちはこれからも科学が発展し続けていくと信じることができるのでしょうが、世界を語る人間が世界の住人であるという紛れもない事実は、客観的・整合的に世界を記述せんとする試みが、どこかで必ず限界に突き当たることを宿命づけてもいるのです。

それでもなお、世界を語るという営みを人間が放棄しない以上、宿命づけられた限界性の中で世界をどのように語り得るのか、といった困難な課題に向き合いつつ生きていくことが、私たちにあらためて求められてくることでしょう。

九　「宗教」を語る言葉

この国の長い歴史の中で、そうした困難な課題を真正面から引き受けつつ、説得的な「三人称の語り」とは異なる語りの可能性を追求し、洗練させるのに、中心的な役割を果たしてきたのが、仏教者をはじめとした、俗世間と一定の距離を置く宗教者たちでした。

禅宗系統の用語で人口に膾炙（かいしゃ）してきた言葉に、「言語道断」というのがあります。「言語の道を断つ」というわけですから、「黙して語らず」が、宗教（禅仏教）が目指す究極の理想であるかのようにしばしば誤解されがちですが、数ある日本仏教の宗派ないし系統の中で、禅宗系ほど、饒舌に多くの言葉を語ってきた仏教はほかにないというのが現実なのです。

有限性の「諦め」に立脚しつつも、世界について語ることをやめようとしなかった宗教者たちの語りが、「ことのかたり」、「科学の語り」とは本質的に異質なものであることは言うまでもありません。実際、彼らの語りのどのような点に異質性が認められるかと言えば、自己という存在がつねに語りのうちに組み込まれているという点に尽きるでしょう。本書では、「あわい」の中から紡ぎ出されるこの種の語りのことを、「三人称の語り」に対して、「一人称の語り」と呼ぶことにしたいと思います。

「一人称の語り」は、自分自身に「そうだ」と深く頷かれた内容が、自分自身に対して語られるというところにその特徴があります。「もののかたり」としての語りのありようが、まさにこれに相当するでしょう。この種の語りが人びとの間で許容されてきた背景には、次のような思想的了解があったからだろうと推測されます。すなわち、「みずから」の視点から観察され得る事柄というのは、どこまでも自分一人にとっての「真理」でしかないということ、そしてそれを「真理」として頷くことができるのも、基本的に自分一人でしかないといった了解です。

そのように、自分自身に頷かれた事柄が、「一人称の語り」として自分自身に対して語られるときには、当然のことながら、そこに他人を説得しようといった意図など入り込む余地はなく、それゆえ、自身の頷きに他人が同意してくれるかどうかは、端から問題にされていないのです。

後首のつけ根のことを「うなじり」と言いますが、「頷く」という動詞の語幹をなす「うな」とは、後頭部のことを指す〈やまと言葉〉です。このことから、頭を前に倒して、「うん、そうだ」と肯(うべな)う動作が「頷く」の語源であったことが知られるのですが、そこにおいて想定されているのは、論理による「説得」とは異なる、人間の得心のありようであることは明らかです。

この世のありとあらゆる存在は、互いに無関係ではないということ、そして「いのち」のはたらきというのは、縦横無尽に世界全体を覆い尽くす関係性の結節点をなす個々の存在のうちにも偏在しているということまでは、論理的・客観的に語り得る「三人称の語り」に属しているとして構わないでしょう。それに対して、この世のありとあらゆる事物は、相互に無関係ではないといった理解を前提として、「みずから」が「いのち」の無限のつながりの中で生かされており、そのことを「有り難い」と受け止められるかどうかは、ひとえに個々人の「頷き」ないし「納得」に関わる事柄であるとしなければなりません。そこには、「三人称の語り」では埋めることのできない論理の溝が存在すると言わざるを得ないのです。

それにしても、私たちに経験される「頷き」とは、いったい何なのでしょうか。私はそれを、一個人の中で「ものがたり」が成立した瞬間に生まれる得心の合図であると理解しています。つまり、自己に経験されたある出来事を「納得」して受け入れ、人生を肯定的に生きていく力に変えていくことができたと確信されたところに生じる身体反応が、「頷き」の正体であろうと考えているのです。

このように宗教者の語りに特徴的な有限性の自覚に立脚した語りというのは、どこまでも一人称の頷きから発せられる性格のものであって、客観性を標榜して世界を説明しようとする「科学」の言葉とは性格を異にしているとしなければならないのですが、とりわけ現代の日本社会では、「一人称の語り」(「もののかたり」)というのは、非合理性や過剰な修辞で脚色された絵空事であるかのように軽視される傾向が強いことは、否めないように思われます。そうした「一人称の語り」に対する偏見こそが、日本人の「宗教」離れにますます拍車をかける大きな要因であるように、私には思われてならないのです。

「一人称の語り」が採用されてきたのは、もちろん、宗教者の言説だけではありません。十二単衣の美しさなども、基本的には「一人称の語り」でしか語り得ない性質のものと言えるでしょう。主観的な「もののかたり」に積極的な意義を見ようとしない人は、十二単衣の美しさを語るような場合にも、つい「ことのかたり」を求めてしまう。ですが、どれほど緻密な分析を重ねたところで、「あわい」の美というのは、客観的に語られ得るようなものでないことは論を俟たないでしょう。

とは言え、日本人はいたずらに「三人称の語り」を遠ざけてきたわけではなく、先にも触れたように、物事を客観的な見地から分析し、世界を「事分け」するという作業が、日常生活の成立に不可欠だと見なされてきたこともまた、歴とした事実なのです。確かに、「三人称の語り」(「ことのかたり」)のうえに成り立つ「科学」は、ときとして深刻な問題を引き起こすことがないわけではない。しかしそれは、私に言わせれば、「科学」の言葉もまた一個の仮説に過ぎないという認識、つまりは暫定的な視点から眺められたときに整合的に見えるに過ぎないといった思想が忘却され、自分が見ている世界だけが唯一絶対に正しいと勘違いされる場合に限られるのです。

頑なで柔軟さを欠くものの見方が抱える致命的な欠点は、あるものの見方がいったん正しいと確信されると、自身でそれを否定したり修正したりすることが困難になることに指摘できます。しかしながら、変化して止まないのが現実であることに加えて、「こと」にしても、「もの」の世界の一側面を正確に写し取れている保証などどこにもないわけです。したがって、いつまでも一つの見方に固執しているうちに、変化して止まない現実との乖離が徐々に大きなものとなり、世界を語るという、人間の生活になくてはならない「みずから」の営みが、結果的に世界を騙る営みに転じないとも限らないでしょう。人間が生み出した「主義」のために、現実世界が蹂躙されるといった事例は、歴史上でも現に事欠かないのです。

日本の近現代という時代が示す一つの顕著な傾向が、「もの」に対して怖れ畏むという感性の喪失という点に指摘できることは間違いないように思います。そうした傾向が、「宗教心」の獲得をいっそう困難なものにしてきたと同時に、現代の日本社会が抱える多くの問題も、そのことと無関係ではないというのが、私自身の見解でもあるのですが、だからと言って、日本人は宗教者の言葉にもっと真剣に耳を傾けるべきだなどというのは、短絡の誇りを免れないだろうとも感じています。なぜなら、宗教者と称される人たちですら宗教的言説の本質を見誤るほどに、現代という時代における思想の闇は深いというのが、率直な感想でもあるからです。

「宗教」を信じていない人の割合が、数字上、八割近くにものぼるという現代の日本社会の現状が物語っているのは、日本人の間に「宗教」に対するアレルギーが、いかに深刻な広がりを見せているかということにほかなりません。私は、こうした事実の裏側には、「宗教」と呼ばれてきたものの多くが、「三人称の語り」を取り込んだ「御利益の宗教」と化している現実が指摘できると考えています。「御利益の宗教」というのは、布施等の多寡に応じて、願望成就の度合いが左右されてくるような「宗教」のことを指しますが、私の見るところ、そこにおいて採用されているのは、多くの場合、きわめて質の悪い「説得」の言葉なのです。

ただ、そうは言っても、「説得」の言葉を用いずにどうして教えを広めていけるのか、「宗教」において説かれる真理にしても、論理的な説明に耐え得るものでなければならないのではないかとの疑問を禁じ得ない人も、少なからずいることでしょう。「説得」という手法を採らずに、他者と同じ価値観を共有したり、同じ信仰をもったりすることなど、どだい不可能なのではないか、というわけです。

その種の疑問に対する、私の当面の答えはこうです。すなわち、宗教者は「みずから」に頷かれたことを、「一人称の語り」として愚直に吐き続けていくほかないということ、そして教えが広まるかどうかは、あくまでも結果論に過ぎないということです。

十　「お願い」の倫理

「一人称の語り」として語られる「宗教」の言葉がもつ特徴を、如実に見て取ることのできる〈やまと言葉〉の一つに、「ねがい」があります。

数百年以上の長い歴史をもつ日本仏教の伝統宗派の中でも、最も多くの門信徒数を誇るのは、浄土宗や浄土真宗などに代表される「浄土教」系の宗派です。「浄土教」というのは、「法蔵（ダルマカーラ）」と名のる修行者（比丘）が、幾度も輪廻転生を繰り返しながら、気の遠くなるような長い時間をかけて悟りを開き「阿弥陀（アミターバ）」という名の仏となって、極楽浄土を建立したという物語を基盤として成立した教えです。しかし、何故に法蔵比丘は、自分から進んでそのような途方もない修行（兆載永劫の修行）に励み、極楽浄土を建立するに至ったのでしょうか。

兆載永劫の修行の道に入るに先立ち、法蔵は、四十八の誓いを立てています。これら四十八の誓願の中でも、浄土教系の宗派でとりわけ重要視されてきたのが、十八番目に誓われた「願」、いわゆる「念仏往生の願」です。そこには、「みずから」が修行を完成し、「阿弥陀」という名の仏として成仏したあかつきには、「南無阿弥陀仏」と我が名を称え念じた者は、もれなく極楽浄土に往生させて救うのだといった内容の「願」が誓われています。

しかしながら、私たちのような凡人からすれば、ここで法蔵が取った行動は、いかにも理解し難いものに感じられるのではないでしょうか。救って欲しいと誰かに頼まれたわけでもないのに、法蔵は生きとし生けるもの（一切衆生）を勝手に憐れんで誓いを立て、気の遠くなるような、長く厳しい修行を「みずから」に課して、「願」を成就させることを決意しているからです。

こうした、一見、荒唐無稽にも感じられる法蔵比丘（阿弥陀仏）の悲願成就の物語をもとに成立した「浄土教」が、日本仏教の数ある教えの中でも、とりわけ多くの人心を惹きつけてきたのは、いったいどういう訳なのでしょうか。

ここで私が注目するのは、「願」と呼ばれるものだけがもち得る、人間の言葉の特殊な性格です。つまり、「願」として発せられた法蔵の思いにこそ、「浄土教」というかたちで示されてきた仏教思想が、多くの日本人に受け容れられてきた根拠が見出せるのではないかということです。

「あなたがもし救われたいのならば、『南無阿弥陀仏』と称えなさい。そうすれば救ってあげますよ」というのは、親切でわかりやすい導きのように感じられるかも知れません。ですが、これは一種の強迫です。人を動かすのに、私たちは、しばしば命令や強制といった手段に訴えます。しかし、それで実際に人が動いたとしても、祈禱にすがるのと同様、何らかの実質的な見返りがあることを期待したり、罰をおそれたりしてのことであって、「みずから」が進んで受け入れているとは、到底、言い難いでしょう。

他者からの押しつけを好む人はいません。私たちが快く何かを受け容れることができるときには、こちら側の意向が最大限、尊重されているということが重要になってきます。「浄土教」における「願」は、法蔵「みずから」が立てた、一人称の「願」にほかなりません。それゆえ、仏の名を念じるか念じないかは、まったくもって各人の判断に委ねられているのです。

「願」を訓読すれば、「ねがい」です。「ねがい」の語源は、「ねぐあう」にあるとも言われます。「ねぐ」というのは、聞き慣れない言葉のように感じられるかも知れませんが、「神々に詞(ことば)を捧げて鎮める」といった意味があり、漢字混じりでは、「祈ぐ」、あるいは「労ぐ」と表記されてきました。

古代より用いられてきた神職の名称の一つに、「禰宜(ねぎ)」というのがあります。動詞「ねぐ」の連用形で、「神々に詞を捧げて鎮める人」という意味ですが、要は、人間が「みずから」神々に詞を捧げるという行為に、「おのずから」の存在である神々が応答することで、人びとの切なる思いと現実とが「兼ね合う」(「かなう」)ことを期待するというのが、「ねがい」という〈やまと言葉〉に込められた、本来的な意味だったと考えられるのです。

「ねがい」の差し向けられる対象が、神ないし「おのずから」の世界である以上、基本的に自力的な努力の届かない領域であると見られていたことは間違いないでしょう。であるならば、願いが叶わなかったからといって、神や「おのずから」の世界を恨んでみてもはじまりません。「みずから」が発した思いが届き、願いが叶うか否かは、願いを発する人間にとって、どうこうできるような事柄としては捉えられてこなかったということです。

とは言え、「一人称の言葉」として人間の口から発せられた思いは、「音(ね)」として世界に響き、しばしの間、人界に漂うことにはなるでしょう。そのようにして「音」として発せられ、人の間(ま)に間(ま)に個々の思いが飛び交うさまは、まさに「音交(ねが)い」そのものではないでしょうか。そうして個々の口から思いに任せて放たれた「ねがい」は、いつどこで誰の心に響かないとも限りません。そして、「ねがい」として発せられた「一人称の言葉」が、他の誰かの心に突き刺さり、さらにまた、その「ねがい」の言葉に心を揺さぶられた誰かが、自分の心に響いた思いを「一人称の言葉」とし、世界に向けて「みずから」の「音」を発したとしましょう。そうやって、一個人の口から発せられた「音」が、やがてこの世界に無限の共鳴の連鎖を生み出すことにならないとも限らない――。要するに、法蔵の立てた「願」に基づき成立した「浄土教」が、日本人の間で広く支持され、多くの信仰者を獲得するに至った背景には、「一人称の言葉」だけがもち得る特殊な感化力があったというのが、私の頷き、私自身の独自な理解でもあるのです。

〈やまと言葉〉をとおして垣間見ることのできる日本人の倫理に、「正義」と称して他者を説得したり強制したりする性格のものが、いったいどれほど存在するでしょうか。少なくとも、私には、そのような性格のものは、まったく思いあたりません。そのことは、日本人の倫理や道徳が、「ねがい」を基礎にかたちづくられてきたことと無関係ではないように思われますが、日本人に特徴的とも言えそうなかかる倫理のありようを、私は「お願いの倫理」と呼んでいます。

「お願いの倫理」は、私たちが日頃から慣れ親しんでいる日本語表現の随所に確認することができます。一例を示せば、日本人は、他人に何かを依頼するときには、「お願いします」という言い方をします。お願いされた側としては、強要されたり脅されたりしているわけではないのですから、願いを聞き入れるか聞き入れないかは、その人の意向に委ねられていると言ってよいのです。にもかかわらず、そうした言い方をされると私たちは、逆に願いを聞き届けたい気持ちにさせられてしまうのではないでしょうか。理詰めで説得されたり、きつく命令されたりしたならば、反発を覚えてやる気にならなかったようなことでも、相手の切なる願いであると感じられる場合には、私たちの心はおのずと動いてしまうものなのです。

どうしてそのようなことが起こり得るのでしょうか。人間存在に共通する「願」のことを、仏教は「共業（ぐうごう）」という言葉で言い当ててきました。この世のすべてが、例外なく、他のものと「いのち」を分かち合っている存在であるからには、一人の人間から発せられた切実な「ねがい」が、他のすべての存在にも共通する普遍的な「ねがい」であったとして、何ら不思議なことではないでしょう。要するに、仏教では、他人が発した一人称の「ねがい」を、自分自身を含めた存在共通の「ねがい」として受け止める心のはたらきが、私たち一人ひとりの中に具わっているとされてきたのです。

このように、多くの人が、特に「宗教」というものを意識しないまま暮らしてきた現代の日本社会にあっても、生活言語として日本語を使用する過程で、日々、宗教的発想に接しつつ、倫理観・道徳観を育んできたと言ってよいでしょう。私自身、特定の宗教や宗旨を信仰することが、人間の「宗教心」を鍛え、倫理観を保つうえで重要な役割を果たすということを否定するつもりは、毛頭ありません。しかし、日本人一般という観点から言えば、何よりも大事なのは、個々人が日本語のうちに秘められた「宗教心」を、いまいちど真摯な目で、意識的に見つめ直すことであろうと考えているのです。

第三章　ニヒリズムを超えて

一　「からごころ」と「やまとごころ」

二〇〇年以上も続いた鎖国政策に終止符が打たれ、この国が開国へと本格的に舵を切ったのは、いまから約一五〇年前の一九世紀後半のことです。その後、日本人が経験した社会状況の変化のスピードは、人類の歴史上でも例を見ないものでした。開国から現在までの間に、私たちの生活は、いったいどのような根本的変化を遂げてきたと言えるのでしょうか。

幕末期ともなると、諸外国の動向にいち早く目を向け、西欧の文明を意識した人士が、目立った活躍をしはじめるようになります。「東洋精神西洋藝術（技術）」とか「和魂洋才」などのキャッチフレーズが生まれたのも、この時期のことです。

さらに時代が変わり、明治期に入って以降は、一時期とは言え公用語としての英語の導入が真面目に検討されるなど、極端なまでの欧化政策が推し進められることになるのですが、一方では、そうした時代動向に強い懸念を抱いた人たちの中から、国粋保存の必要性が叫ばれるようにもなっていきます。

西欧的な価値観に倣うのか、それとも東洋（日本）的伝統を保守すべきなのかをめぐっての、近代黎明期の思想的なせめぎ合いは、その後、表面上は、沈静化の方向へと向かうことになります。しかしながら、水面下では、続々と生み出される漢語風の翻訳語の影響等により、それとは明確に意識されることのないまま、日本人の中に西欧的な価値観が静かに浸透していくといった事態が、着実に進行していたことは事実でしょう。

近年、とみに見受けられるのは、外国語が、翻訳すらされずに〈カタカナ語〉として日本語の語彙の中に取り込まれていく傾向です。その結果、日本語がどんな状況を呈しているかと言えば、学校教育の現場では、主として漢語や漢語風の翻訳語（〈新漢語〉）が、国の垣根を越えて行われるビジネスの世界では、主として漢語風の翻訳語や〈カタカナ語〉が、日常生活においては主として和語（〈やまと言葉〉）が――といった具合に、適宜言語の棲み分けがなされているようなところがあると言えるのではないでしょうか。

こうした現状をどう評価すべきかはさて措くとして、そのことが社会や個々人の生き方に、陰に陽に及ぼす影響は、決して無視できるものではないはずです。英語であれ日本語であれ、そこにはそれらを母国語として用いてきた人びとの人生観や生活様式に結びついた固有の思想が息づいていることは、疑い得ないからです。

たとえば、「市場」は、「いちば」と訓読みすることもできれば、「しじょう」と音読みすることも可能です。あるいは、「市場」を「マーケット」と読む人がいたとしても、特に意外なことではないでしょう。また、報酬として受け取る金銭のことを、「給料」と呼ぶ人、「手当」と呼ぶ人、

「サラリー」と呼ぶ人などさまざまでしょうが、実際、「マーケット」で「労働」して得た「サラリー」ないし「給料」で生活していると考えている人と、「市場」で働き、「手当」をもらって生活していると考えている人とでは、「仕事」に対する向き合い方、世界との関わり方が、ずいぶんと違ったものになるということは、何となく想像がつくのではないでしょうか。

「手当」という〈やまと言葉〉には、もともと「病人や怪我人を労って手厚く看護する」といった意味があります。私たちが「手当」という言葉から、雇用者と被雇用者との間に「手」を介した、どこか温かみのある関係をイメージせずにいられないのはそのためでしょう。たとえば、労使関係が拗れ、両者が対立したりした際に、被雇用者が雇用者に対して「給料をあげろ！」とか「サラリーをアップしろ！」などと要求したり、逆に雇用者が被雇用者に対して「この、給料泥棒！」などと罵ったりすることはあっても、「もっと手当を！」とか、「この、お手当泥棒！」などとはまず言われないのは、そうした言葉のイメージとも、おそらく無関係ではないのです。

ただ、そうは言っても、日本語が現在のような三重、四重の多重構造をとるはるか以前から、先人たちが〈やまと言葉〉と〈漢語〉からなる二重言語構造の中で暮らしてきたことは事実であり、言語の多重構造が人間の思考や生き方に及ぼす影響を重視し、そのことを批判的に捉えようとする思想的取り組みがなされてこなかったわけでもないのです。

江戸時代に「国学の四大人」の一人として名を馳せた人物に、本居宣長（一七三〇－一八〇一）という学者がいます。彼などは、仏教や儒教の典籍を通じて持ち込まれた外来の諸思想を「からごころ（漢意）」と呼んで、大々的な批判論を展開しています。宣長の『玉勝間』という本の中には、次のような「からごころ」批判（抄訳）を見ることができます。

——「からごころ」を好むのは、漢国（中国）風を尊ぶ一部の学者や知識人だけではない。何かにつけて善悪是非を論じ、ものの理はこうであると、とかく決めつけたがるのが、「からごころ」の特徴である。この国では、千年以上もの間、漢籍が読まれてきた。そのせいで、漢国をよしとし、漢国風に物事を思考する傾向が、漢籍などいちども目を通したことのないような人びとの間にまで、すっかり浸透している。だから、いまさら「からごころ」を捨てよと言われたところで、それがなかなか容易なことではないのだ。

このように宣長は、当時の日本人の間に蔓延していた「からごころ」を問題視する一方で、漢籍を通じて輸入されたものの見方ではない、日本固有の、純粋ではかりごとのない心のことを「やまとごころ」と称して、高く評価しています。要は、論理的、抽象的、観念的な「賢しさ」を多分に帯びた外来の思想の影響を受けて、日本人がもっていた素直な心が長い時間をかけて浸食されてきたことが、うれしいときはうれしい、かなしいときはかなしいとする人間感情の自然な発露を阻害する要因となっているというのが、宣長が展開する二重言語批判の概略なのです。

私は、近代以前の日本人の間に、「みずから」に偏するあまり「おのずから」の側面が蔑ろにされてしまうといった傾向が見られたことにいち早く批判のメスを入れているという点では、宣長の議論は非常に意義深い、価値のあるものであると評価しています。しかし同時に、宣長のそうした思想に自惚れにも似た危うさを感じてきたことも事実で、それはたとえば、次に挙げる三十一文字に、象徴的に見て取ることができるように思います。

敷島の やまと心を 人問わば 朝日ににおう 山桜花

宣長が、日本人に受け継がれてきた「やまとごころ」を高く評価するのとは対照的に、「からごころ」を批判し、殊更に排除しようとする姿勢に対しては、現に多くの批判がなされてもきました。政治学者の丸山眞男が、日本人の思想の基層を「なる」はたらきに見て、そこに無責任さの元凶を指摘したのは、明らかに宣長の「からごころ」批判を念頭に置いてのことですし、書家の石川九楊さんなども、二重言語性を有する日本語の中に統一原理を見ようとしない宣長の思想に、根本的な疑義を呈しておられるのです。

私自身、宣長の「からごころ」批判には、現代人に見落とされがちな大切な視座が含まれており、そこに思想的な価値が認められるということを否定するつもりはありません。ですが、「からごころ」批判に熱を入れ過ぎるあまり、逆に「やまとごころ」が持ちあげられ過ぎているきらいがある点に関しては、正直、違和感を拭い去ることができないでいます。

短刀直入に言えば、本居宣長の思想に欠けているのは、「あわい」の視座です。私が、人間の思想がもたらし得る弊害について最も警戒しなければならないと思うのは、「あわい」の欠落したところに生じる思想の独り歩き、そしてそれに必然的にともなう暴力性にほかならないのです。

そうは言っても、現実世界を生きていく過程では、あれかこれかの選択を迫られる場面に出くわすことは決してめずらしくありません。そして、実際、外的状況からの強い圧力に耐え切れなくなったとき、日本人は往々にして「あわい」に立つ生き方を捨て去り、自暴自棄に走るといった傾向を示してきたと言えるのです。

二　日本人のニヒリズム

和辻哲郎は、『風土』という書物の中で、日本の気候風土には「モンスーン的風土の特殊形態」が指摘でき、それが国民性の形成に多大な影響を及ぼしてきたといった主旨のことを論じています。「モンスーン」というのは、周知のように、南アジアから東アジアにかけて夏は南西から、冬は北東から吹きつける季節風のことですが、「モンスーン的」とは、この風が吹きつける地域に深く根を下ろしてきた人びとに見受けられる、受容的かつ忍従的な性格のことを指しています。なかでも、日本の気候風土がその「特殊形態」とされる所以は、夏には突発的な「台風」の猛威に、冬には比類のない大雪に見舞われるという、他のモンスーン地域にはない特徴を有していることにあります。すなわち、アジアのモンスーン地域の中にあって、日本には、猛烈な風雨と豪雪という二つの際立った現象において、熱帯的と寒帯的の二つの性格が指摘され得るということ、さらにはこれら気候上の特徴を背景に、「しめやかな激情」、「戦闘的な恬淡（てんたん）」といった二種の相反する性格を併せもつ特異な国民性が形成されるに至ったというのが、『風土』において示されている和辻の見立てなのです。

和辻によれば、「ヤケ」とか「自暴自棄」とかと言われる現象は、日本人が持ち合わせている二重的性格のうち、激情的・戦闘的な側面をよく表しているとされます。確かに、私たちの日常の会話の中でも、「キレる」ということがしばしば話題にのぼります。周囲の人から穏やかで良い人と見られていた人が、突然キレて、暴力沙汰を起こしたなどといったことは、私たちにとっては別段、驚くような話でもないでしょう。「キレる」ことが、日本人特有の性格とまで言い切れるかどうかはわかりません。しかし、そうしたことが現実に起こり得るということを、多くの日本人は、理解し難いこととは感じてこなかったことは確かでしょう。「一億玉砕」などといったスローガンが叫ばれたり、未来ある有為な青年たちがこぞって特攻隊に志願したりした戦時期の日本の社会に、「あわい」などと悠長なことを言っていられないほどの社会的圧力の高まりがあったことは、想像に難くありません。が、だからと言って、「あわい」を無視した生を選択することは、特殊な状況下ではやむを得なかったのだ、と話を簡単に片付けてもらいたくはないというのが、私の偽らざる感想でもあるのです。

丸山眞男もつとに指摘していることですが、日本人には「みずから」を取り巻く状況下で起こってしまった事柄に対して、「おのずから」そうなったことだから仕方がなかったのだと、案外あっさりと水に流してしまうところがある。私は、日本人特有のニヒリズムというのは、まさにそうした思想構造の中から、つまりは、「あわい」が失われて、「おのずから」のうちに「みずから」が回収された諦念の中から生まれてくると考えているのですが、だとするならば、日本人の恬淡さには、十分に反省され、克服されるべき思想的な課題も多く含まれているとしなければならないようにも感じられるのです。

日本語を使用する過程で、日々強化されてきた「あわい」に立つものの見方が、実に摑みどころのないものであることは認めざるを得ません。そのため、「あわい」の視点を保持しつつ、事物を語ろうとするときには、私たちの語りは、たちまち困難に直面させられることになってしまう。そもそも、言葉を用いて「もの」の世界を截然と切り分けること自体、不可能なのですから、どれほど洗練された言葉で世界が語られようと、現実を前に敗北感を味わわされることは不可避であるとさえ言わなければならず、そうしたことは、人間の「思想」や「哲学」の営みには、すでに宿命として織り込み済みのことでもあるのです。したがって、現実世界の峻厳さを前にたじろぎながらも、「あわい」の失われたニヒリズムに足を掬(すく)われることなく、言葉という武器をもってなおも世界を語ろうと努めてきたところに、人間の思想の営為がもつ意義が問い直されてこなくてはならないというのが、私自身の信念でもあるのです。

ともあれ、近代以降、この国では、言語の多重化がいっそう進行したことで、それまで根底において自己を支えてきた思考基盤が揺るがされる結果となったと同時に、従来のものの見方に代わる新たな思考基盤も見出せないまま、思考のダブル・スタンダード化、トリプル・スタンダード化が助長され、多くの人が出口の見えない隘路(あいろ)に迷い込んでしまっているというのが、現代日本の思想状況と言ってよいのではないでしょうか。

これは、明治の後期頃から大正時代にかけて、都会で高等教育を受けた若者世代を中心に見られた現象ですが、近代以前の社会の中で形成された伝統的な思考様式と、西欧社会からもたらされた新思潮との狭間で、自己と世界との間に折り合いをつけて生きていくことに、大いに苦しめられた日本人も少なくなかったようです。

> 悠々たる哉天壌、遼々たる哉古今。五尺の小躯を以て此大をはからんとす。ホレーショの哲学竟に何等のオーソリチィーを価するものぞ。万有の真相は唯だ一言にして悉す。曰く「不可解」。我この恨を懐いて煩悶、終に死を決するに至る。既に巌頭に立つに及んで、胸中何等の不安あるなし。始めて知る、大なる悲観は大なる楽観に一致するを。

ここに紹介したのは、明治三六年の五月に、第一高等学校（東京大学の予備門）の学生だった藤村操（一八八六－一九〇三）が、日光の華厳の滝から身を投げる直前、傍らの木に遺書として刻みつけた文章です。

当時、一高の学生と言えば、日本中の誰しもが認めるエリート中のエリートで、近い将来この国を背負って立つことを期待されていた存在でした。そのように前途有望な、「超」のつくエリート学生が、一六才と一〇ヶ月の若さで命を絶つという事件は、この時代の人びとの話題を大いにさらったようです。このことが何を示唆しているかと言えば、幕藩体制の崩壊から四〇年足らずの間に、インテリ青年層を中心に、当時の日本人の多くが直面させられていた煩悶状況が、深刻な社会問題として、広く一般に共有されつつあったということです。

哲学青年だった藤村を自殺へと駆り立てたのは、病苦や生活苦などではありませんでした。一介のエリート青年が、文字通り必死になって格闘したのは、個我の確立をめぐる問題だったと言ってよいでしょう。個我の確立をめぐる格闘の過程で、藤村は、もっぱら「みずから」の知をたよりに、自己という存在の意義、「万有の真相」をはかろうとした。その挙げ句に彼は、「不可解」との結論に至って、もはや生きていくことさえできなくなってしまったのです。「おのずから」

の世界のうちに「みずから」を落居させて生きていくことに失敗したと言ってもよいでしょう。

藤村が、自己と万有との関係にそこまで煩悶しなければならなかった理由の一端が、西欧社会からの新たな知の流入にともない、前近代の社会に蓄積されてきた、はかなさを生きる知恵が急速に見失われつつあったことに指摘し得ることは言うまでもありません。有限な人間が、「おのずから」の世界の中で「みずから」の人生を「仕合わせ」て生きていくには、人事のはかなさという諦念の中で、なおも「もの」の世界と真向かいに奮闘努力することが不可欠だというのが、〈やまと言葉〉を生活言語として暮らしてきた日本人の思想的基盤だったのです。けれども、藤村の場合は、最後までそのような伝統的な智慧に目が向くことのないまま、死を選ぶしかないところまで追い詰められていったものと解釈できるわけです。

近代黎明(れいめい)期の日本人が目の当たりにした「泥仕合」の悲劇的結末は、「あわい」の発想の欠落したところに、もたらされるべくしてもたらされたものと言えるのかもしれませんが、私たちは、ニヒリズムにのみ込まれた哲学青年の行動を、他人事として傍観することはできないのではないでしょうか。そのようなことは決して許されないに違いありません。現在のこの国の思想状況は、藤村が精神の立脚地を見出せずに懊悩した時代と、基本的には何も変わっていないと言わざるを得ないように、私には思われるからです。

三　凝結する自己

しかし、自己になし得ることにはつねに限界があって、「ねがい」が叶い「しあわせ」が実現されることが、いかに稀で「ありがたい」ことかを重々承知していたとしても、現実のかなわなさを思い知らされるときには、やはりやるせない悲しみに打ち拉がれずにはいられないのが、生身の人間の偽らざる心情というものでしょう。

幼いわが子の死を看取らなければならない親であれば、身代わりに死んでやれたらと、心の底から願うことでしょう。もしもその人が、神や仏の如き全知全能の存在であるとするならば、子どもの命も思いのままに兼ねてやることができるはずです。ですが、人間は神でも仏でもない以上、どれほど願おうが、どんなに努めようが、一人の幼子の命すら救うことができないというのが現実なのです。

〈やまと言葉〉の「かなし（悲し／哀し）」は、元来、そのような人間の痛切な思いに根ざすもの、すなわち「みずから」の切なる願いと「おのずから」に支配された現実とが兼ね合わない（かなわない）事実に直面させられたとき、あらためて「兼ねなし」と、自己自身の有限性を実感させられるところから生まれた言葉だったようです。

ところで、自分は自分でしかなく、他の存在を兼ねられないといった有限性の自覚と表裏一体をなす「かなし」の感情は、しばしば存在の絶対的な孤独を浮き彫りにさせる契機ともなってきました。

白鳥は 哀しからずや 空の青 海のあおにも そまずただよう

歌人の若山牧水（一八八五－一九二五）の有名な歌ですが、私たちに哀しみや孤独が感受されるというのは、根拠のない、たんなる主観的な現象ではないはずです。と言うのも、私たち一人ひとりが「個」として世界に存在していること自体、すでに哀しみや孤独を免れられないことを宿命づけていると言わざるを得ないからです。そのことは、次に指摘される三つの根拠からしても、揺るぎない事実と言って構わないのではないでしょうか。

一つめの根拠は、私たちの身体は個々別々に存在しており、他人がこの「私」の身体を兼ねることはできないということにあります。「私」の身体が世界に存在するためには、世界のどこかに「私」だけが存在することを許された特定の空間が必要ですが、その空間は当然のことながら、他の何とも共有することができません。そのような仕方でしか、私たち一人ひとりはこの世界に存在し得ないという事実は、この「私」が世界の中で唯一無二の存在であることを示す確たる証拠であるとせざるを得ないでしょう。

二つめの根拠として挙げられるのは、身体には痛みがともなうということ、そしてその痛みを感受するのは、つねにこの「私」でしかないということです。さらに言えば、身体というのはいずれ滅びゆく運命にありますが、そのときに滅びゆくのも、他の誰でもない、まさにこの「私」の身体なのです。〈やまと言葉〉の「くるしむ」、あるいは「くるう」といった動詞は、もともと、「みずから」の努力に限界を感じたり、激しい痛みのために心身の安定を失って「くるくる」する状態のことを指したようです。そのような苦しみを味わわされるのは、誰にとっても嫌なことでしょうが、私たちが個々別々の身体を有する存在であるからには、当然の道理として、各々が各々の苦痛を引き受けるしかないのです。こうしたこともまた、否定すべからざる現実であるとともに、決して他者が存在を兼ねることのできない、絶対的に孤独な存在であることを証していると言えるでしょう。

三つめの根拠は、各々に経験されることや蓄積される記憶というのは、どこまでも固有のものでしかないという点に指摘されます。私たちは、自分は自分であって決して他の誰かではないと感じられている。しかし、私たちにそう感じられるのは、ほかでもなく「みずから」に経験され、「みずから」のうちに刻み込まれた記憶のうちに、他人に肩代わりされることのない、「個」を「個」たらしめている絶対的な根拠があるからでしょう。このこともまた、一人ひとりが異なるドラマの主人公として、かけがえのない人生を送っていると言える根拠であると同時に、「個」の輪郭が「おのずから」の世界の中に融け込んで失われてしまうことなどないと断言できる、確たる証拠であると考えられるのです。

人間という存在を、このように大いなる世界の中で生かされていながらも、固有の身体や記憶をもつがゆえに世界と同化して個性が失われるようなことはあり得ないとする日本人の「個」をめぐる理解は、「こころ」という〈やまと言葉〉にもはっきりと見て取ることができるでしょう。「こころ」の語源は、「凝る」という動詞にたどれます。「凝る」は、「凍える」や「氷」などにも通じる概念です。このことから、「こころ」という言葉は、先人たちに次のようなイメージで捉えられてきたのではないだろうかと想像されます。

水は、凍れば氷となり、融ければ水に戻ります。水と氷は、元来、別のものではありません。ですが、氷の状態のときには、はっきりとした輪郭をもつ個物として認識されることになります。そして、その氷は、成長して形を変えることもあれば、融けて小さくなり、最後には跡形もなく消え失せて、水と完全に同化してしまうこともあり得るわけです。

このような性質を持つ氷という存在を、私たちは「もの」から生じ「もの」へと帰っていく個物と見ることができるのですが、日本人は要するに、凝ることで固有の輪郭を獲得する「心」を、世界と本来不可分でありながらも、他の何物にも代え難い、かけがえのない存在として了解してきたのではないかということです。少なくとも、各々が凝る「心」をもつという事実に、自己を自己たらしめる根拠があると見なされてきたことについては、異論を挟む余地はないように思われるのです。

私たちが、他人と張り合って、つい自分が自分がと頑張り過ぎてしまう理由もそこにあるものと考えられます。その結果、存在の有限性を痛感させられるような事態に遭遇したときには、深い悲しみに打ちのめされ、場合によっては、生きていく気力さえなくしてしまうことにもなるのでしょう。

『偶然性の精神病理』という本の中で、精神医学者の木村敏（一九三一－）さんは、ニヒリズムの根源を「みずからを凝固させることなしには安心して生き延びることのできない人間の生」に指摘しています。一人ひとりが凝固する「心」を有しているということは、「おのずから」の世界と一体化して生きていけないところに、人間にとっての生の事実があるということを意味してもいます。もっとも、そのような有限性を抱えた存在として人間を捉える捉え方は、心身を有していること自体が、すでにして迷い（煩悩）のもとであるとしてきた、釈尊以来の仏教の人間観とも重なり合うものです。

かりに、私たちが凝ることのない存在であったとしましょう。もしくは、凝るにしてもクラゲ程度の凝りで済んだとしましょう。であれば、「おのずから」の世界と限りなく一体化して生きていくことも、あるいは可能なのかも知れません。ただ、そうは言っても、クラゲのように海中にぷかぷかと漂ったまま一生を過ごすことを本気で望む人などいないでしょうし、個々人にとっての生き甲斐というのは、むしろ世界と完全に一体化して生きることを欲しないところにこそ、摑み直されてくるものなのではないでしょうか。

四　「どうせ」のあきらめ、「せめて」もの救い

自分に固有の生き甲斐を見出し、実現すべく努めるところには、必然的に「はかる」行為が介在してくることになります。そうすることで私たちは、物事を「計」ったり「量」ったり、「図」ったり「測」ったり、「諮」ったり「謀」ったりすることができ、混沌としていた世界のうちに、何とか秩序らしきものを見出していけるようになるのですが、だからといって悲しみや苦しみからの解放が約束されるわけではありません。逆に、生の現実から目を逸らすことなく、世界をはかって生きようと努めれば努めるほど、存在の悲しみや苦しみが増すという皮肉な結果が待ち受けているということも、否定できない事実なのではないでしょうか。

そうしたのっぴきならない状況に陥ったとき、どのような仕方で日本人は「みずから」を処してきたのでしょうか。たとえば「どうせ」とか「いっそ」とかといった〈やまと言葉〉には、のっぴきならない状況に追い込まれた人々が示してきた、一つの典型的な反応をうかがい見ることができるように思われます。

「だって」を繰り返す幼い子どもが、「どうせ」とか「いっそ」（あるいは〈漢語〉の「所詮」）

などという言葉を口にするようなことはありません。これらの言葉が発せられてくるには、人世に対する一定の見切りが必要だからで、この種の諦めに至るのは、大概、「こと」の世界に生きることに疲れ果て、自力的営為に限界を感じた大人たちです。

すでに触れたように、「あきらめ」という〈やまと言葉〉は、「明らめる」という動詞に由来するもので、仏教では「さとり」のことを意味します。仏教が宗教思想として成立するには、現実世界が、究極的にははかりごとの及ばない無常性に晒されていることをしかと認識する必要があるのですが、「さとり」というのは、特別な修行を積んだ人だけが至ることのできる途方もなく深遠な境地であって、常人には縁遠いものと思い込んでいる人も少なくないのではないでしょうか。しかしながら、仏教の言う「さとり」とは、自己という存在が、世界に遍満する「いのち」のはたらきに支えられてあることを明らかにする（明らめる）ことにほかならないのです。

そのように無限の世界（「おのずから」）と有限な自己（「みずから」）との関係を再認識することこそが「あきらめ」であり、そうした境地に至ることが、仏教で言われる「さとり」なのだとするならば、自然の中に人間の力を超えた何かを感じたことがあるという人も含めて、すでに多くの人が「さとり」に触れる経験をしていると言っても、あながち言い過ぎではないでしょう。「どうせ」という言葉には、「みずから」がはかる努力を重ね、もてる力を出し尽くした末に獲得される仏教的な諦念に通じるものがあることは、言下には否定できないように思われます。しかしながら、「どうせ」という言葉に続く処世態度という視点で言えば、そこには看過できない重大な問題が指摘されなければならないと思われるでしょう。

そこにおいて指摘される問題というのは、端的には、種々の関係性からなる「あわい」の大地に踏み止まり、人生を地道に歩んでいこうとする姿勢が欠落しているということです。この種の諦念には、次の新たな「遣る瀬」へと人を駆り立てていく力はもはやありません。あるのは、「みずから」をただただ無用な存在であると観じて、以前と変わらぬ現実、同じ瀬（「同瀬」）に止まったまま、自己を「おのずから」の世界に埋没させていくはたらきだけです。この種の諦念の先に待ち受けているのは、おそらくは（藤村操の自死に見られたような）滅びの道だけでしょう。

そうした人世への見切りから導かれてくる後ろ向きな姿勢に対して、現実世界からの圧力に耐え切れず、自暴自棄な衝動に駆られた人間が口にしてきた〈やまと言葉〉が、「いっそ」です。これは「いっそう」が音変化したもので、あれこれと思案した挙げ句に、それまでとは一段違ったことを思い切って選択する心情、もしくは好ましいものを求める気持ちを断念し、「みずから」の意に沿わないものをあえて選択しようとする投げ遣りな心情を表した副詞です。たとえば、「いっそ、滅びてしまえ」といった台詞には、結論の出せない板挟み状態に陥ったときに生じる不快感や焦燥感を嫌って、思考そのものを断ち切り、飛躍的な結論を選び取ろうとする人間の心情を読み取ることができます。そこには、和辻の言う「モンスーン的風土の特殊形態」がよく表れているようにも思われますが、ここにおいて特筆されてよい問題点の一つは、心中事件などに代表されるように、煮詰まった末の思い切った行動が、その人のみならず周囲の人びとをも巻き込むかたちで、しばしば破滅の道を招いてきたということでしょう。

しからば、似たような「あきらめ」の境地に至りながらも、自己を「どうせ」や「いっそ」のニヒリズムに埋没させることなく、獲得された諦念を人生を肯定的に生きていく力に変えてくことができた人たちは、どのような言葉を発してきたのでしょうか。

哲学者の西田幾多郎（一九七〇－一九四五）は、六才になったばかりの次女を亡くした時の、引き裂かれるような苦しい自身の胸のうちを、次のような言葉で綴っています。

……人は死んだ者はいかにいっても還らぬから、諦めよ、忘れよという、しかしこれが親にとっては堪え難き苦痛である。何とかして忘れたくない、何か記念を残してやりたい、せめてわが一生だけは思い出してやりたいというのが親の誠である。……おりにふれ物に感じて思い出すのが、せめてもの慰藉（いしゃ）である、死者に対しての心づくしである。この悲は苦痛といえば誠に苦痛であろう、しかし親はこの苦痛の去ることを欲せぬのである。

死んでしまった子どものことは、「いっそ」忘れるがよい、諦めるがよい、といった慰めの言葉が、周囲の人びとの優しい心遣いから発せられたものであることは、疑うべくもありません。ところが、そうした慰めの言葉が周囲の人びとから寄せられることを、西田は「親にとっては堪え難き苦痛である」とまで言うのです。

「いっそ」には、遣る瀬ない思いから生じる不快感や焦燥感を嫌うあまり、「みずから」の思考を断ち切って、直情的な結論に達したいという心情が読み取れると言いました。しかし、そこはさすがに哲学者です。周囲の人びとの親身な助言にもかかわらず、彼は自身の苦痛から目を逸らすことはしなかった。それどころか、死んだ娘のことを、「おりにふれ物に感じて」思い出してやることが、「せめてもの慰藉」であり、「死者に対しての心づくし」であると考えたのです。

ここで注目されるのは、「せめて」という副詞に透けて見える哲学者西田の処世態度です。人事に対する諦念から発せられる「どうせ」や「いっそ」が、後ろ向きな、あるいは自暴自棄な態度を示すのとは対照的に、動詞「責む」の連用形と助詞「て」からなる「せめて」には、不本意ではあるにせよ、「みずから」の行為で、最低限、これだけは実現させたいといった切なる願いが込められていることは明らかです。いかに嘆き悲しもうが、いかに頑張ろうが、死んだわが子が戻ってくることはあり得ないのです。何をしたところで、「同瀬」に変わりはないと言えば、その通りでしょう。死んだ娘に対する「心づくし」のように、「みずから」がはたらきかける対象がもはや存在しない以上、何事かを「してなる」ことなど、微塵も期待などできはしないからです。

けれども、狂おしい苦しみに身悶える西田にとって、死んだ娘のことを折りに触れて思い出してやることは、親としてせずにはおれない「せめて」もの「心づくし」であると感じられた——。「遣る瀬ない」という日本語の慣用表現は、そのように、はたらきかける対象としての「遣る瀬」がどこにも見出せないにもかかわらず、なお強い思いが胸のうちにわだかまっている状態のことを指すのでしょうが、もはや「遣る瀬」が存在しないために、「こと」の成就などあり得ないことはわかっていながら、やむにやまれぬ思いに衝き動かされて、何かをせずにはいられないといったようなことは、西田幾多郎に限らず、多くの人にも経験されてきたことなのではないでしょうか。

「思い遣り」という〈やまと言葉〉は、そうした「遣る瀬」なさを痛感させられたとき、残された「みずから」の思いを、「せめて」もの「心づくし」として、一方的に遣ることを意味したと考えられます。そこには、「あわい」の世界を生きる者として、自己に感受される苦悩や悲哀を、人生を前向きに生きていくための糧に変えていこうとする人間の姿勢を見て取ることができるのではないでしょうか。

もちろん、「こと」の成就が期待できない場合でも、日本人が「思い遣り」を忘れないよう心掛けてきた背景には、死んだ娘に思いを遣ることで西田が「慰藉」を感じたように、「せめて」もの思いをかけるという行為自体が、当人にとってはすでに幾ばくかの慰めとなり、救いともなるといった、実質的な効果もなかったわけではないでしょう。だとすれば、たとえどんなに厳しい現実に直面したとしても、ヤケにならずに生きていくことのできる道を見出そうとする努力を、人は決して放棄してはならないと、私は思うのです。

五 「こころ」を解き放つ

私たちが、無限の世界、「おのずから」の世界と切っても切れない存在であるというのは、一人ひとりが凝る心を有し、かつ物理的な場を占めて存在しているという事実からしても、断言できることです。そのように、各々に心身を有しながらも、「おのずから」の世界の凝りとして、全体世界と無関係ではあり得ない自己という存在を、「おのずから」とも「みずから」とも捉えてきた日本人ならではの受け止めは、「人」が同時に「人間」とも称されてきたあたりからも、如実にうかがうことができるでしょう。

生物学的な観点からすれば、「人」のことを「人間」と称する必要など、まったくなかったはずです。生物学的な記述としては余分だとしか思えない「間」の字を、何故に日本人は「人」を示す言葉に使用してきたのでしょうか。

そのあたりの理由について、倫理学者の和辻哲郎は、「人」が他者との関係性の中に浮かび上がる存在として把握される場合には、「人間」と表現されてきたということを述べています。つまり、「人間」（「人間（じんかん）」）という言葉が用いられてきたのは、「人」は、さまざまな他の存在との間柄においてはじめて「人」たり得るといった思想が背景にあるからだということを、和辻は示唆しているのです。

「人間」という存在が、そのように、「人」と「人」との間柄、他の存在との交わりの中からしか浮かび上がってこないのだとすれば、私たちの「個」が確立され、維持されるにあたって決定的に重要になってくるのは、他者との交際ということになるでしょう。自己を閉ざした状態で他者との交わりが実現されるなどということは、到底あり得ません。その意味でも、世界に対して自己を開くことは、他者と関係を切り結び、他者との良好な関係が築かれるにあたり不可欠であると言えるのでしょうが、そのためには、個々人が「みずから」を表現することを通じて、自己のうちに凝ったものを世界に融かし出す努力が、どうしても必要になってくると考えられるのです。

「みずから」の凝りを「おのずから」の世界に融かし出すことで、他者との交わりを実現する代表的な手段の一つが、「はなす」という行為です。「はなす」という行為は、「話す」とか「咄す」などと表記される場合には、「個」のうちに凝っていたものを外の世界に表出することを意味するでしょう。「話」は、舌を使って何かを言うこと、「咄」は、口から言葉を出すことを示す表意文字です。ただ、これらの漢字が示しているのは、直接的には人間の具体的な身体行為の域を出るものではありません。「話」したり「咄」したりといった行為が、他者との間に共鳴や共感を生み、間柄の存在としての実存的交わりを可能ならしめるのは、これらの発話行為に、「放」したり「離」したりすることに通じるものがあるからです。

「はなす」という動詞は、他動詞に分類されます。したがって、そこにはつねに「はなされる」対象としての目的語（「〜をはなす」の「〜」）にあたるものが想定されることになるわけですが、その場合に目的語として想定され得るのは、何だと理解すればよいのでしょうか。

私は、人間の「心」ではなかったかと想像します。つまり、人は話すことで凝った「心」を「おのずから」の世界へと解き（融き）放ち、そのことを契機として、それまで固有の輪郭をもつばらばらな存在でしかなかった個物の間に相互交流が生まれ、多くの人が他者や世界との一体感を取り戻してきたのではないかということです。

その際、個々人にとってきわめて意義深い存在として再認識されてくるのは、解き放たれた思いを聞き届けてくれる他者の存在でしょう。「ひとりがたり」と言われるように、「かたる」というのは、言葉を聞き届けてくれる他者がいない場合であっても、自分自身に語りかけることで成立し得る行為と言えます。それに対して、「ひとりばなし」とは、決して言われません。このことが意味しているのは、世界に向かって話された（放された）思いを聞き届けてくれるのは、自分以外の他者でなければならないということです。「かたる」と「はなす」という、一見、非常に似通った行為の間の決定的な違いは、そのあたりに指摘できるものと思われます。

近年、「物語療法（ナラティブ・セラピー）」と呼ばれる手法が心理療法に取り入れられ、脚光を浴びているそうです。心にわだかまっていた思いを融かし出して言葉にし、誰かに聞き届けてもらうだけで癒しの効果が期待できるというのは、心理療法の門外漢である私にも、十分に頷ける気がします。各々が自分ひとりの一人称の思いを言葉にすることで、「心」が世界に解き放たれ、他者との間に共鳴が生じるということは、それまで「遣る瀬」のなかった思いに「遣る瀬」が見出されるということでもあるのでしょう。そのことが、間柄の存在としての「人間」本来のありようを回復せしめる一助となり得るというのは、容易に想像がつくことではないでしょうか。

　しかしながら、人と人との交わりが物理的距離の制限を受けていた時代には、誰かに思いを聞き届けてもらうには、どうしても相手との間の距離を縮める必要がありました。もっとも、現代では、通信手段等が発達したおかげで、他者との物理的な距離というのは、昔ほど障害にはならなくなってきてはいます。けれども、かつては、誰かに話を聞いてもらうには、どうしても遠路はるばるその人のもとを訪ねていかなくてはならなかったのです。

　誰かに親身に話を聞いてもらえる距離というのは、ささやき声が届くほどの近さでなければなりません。即物的な言い方をすれば、お互いの着物のすれる音が聞こえる距離でなければならなかったわけです。「おとずれる（訪れる）」という〈やまと言葉〉には、元来、衣のすれる音が届く距離まで、音を引き連れて接近することで、互いに語らい、思いを問い合うといった意味があったと考えられます。

　人びとが互いに訪ね合い、心のうちを問い合うことで人間としての交わりを深める行為は、「とむらう（弔う）」という〈やまと言葉〉によっても言い表されてきました。「とむらう」は、現代ではもっぱら死者の縁（ゆかり）の地などを訪れて直接に思いを問い、聞き届けようと努める、といった意味合いで使われています。ですが、この語のもともとの意味は、相手との距離を縮めて「訪（と）い合い」、互いの心のうちを「問い合う」ことにあったのではないかと推測されます。そうすることで、孤独でかなしい身を生きているのは自分一人ではなく、「おのずから」の世界の住人として、誰しもがはかない現実を生きているという事実があらためて実感されてくるとともに、そのことを通じて多くの人が「みずから」の人生を肯定的に歩んでいける力を引き出すことができたことは間違いないように思うのです。

六 「もの」に訴える

だとすれば、自分に寄り添い、言葉を聞き届けてくれる他者がいること自体が、すでに存在にとっての救いであり慰めであると言ってもよいでしょう。ただ、私たちが現実にこの種の救いに出遭えるかどうかということも、実際には偶然性に委ねられた問題であることは確かで、そう考えると、私たちが他者によって救われることなど、そう滅多にあることではない、どこまでも「有り難い」僥倖であるというのも、また事実なのです。

小野小町や和泉式部などの平安時代の歌人たちは、はかなきこの世を夢幻(ゆめまぼろし)と見立てた歌を残すことで、また西田幾多郎も、「みずから」の凝る思いを言葉にして表出することで、多くの共感者(読者)を獲得し、そこに「遺る瀬」を見出すことができたと理解することも、あるいは可能なのかも知れません。けれども、心のかなしみを聞き届けてくれる相手も、訪ねて思いを問い合える相手もいない場合には、救いの道は完全に閉ざされていると観念するしかない、ということになってしまうのでしょうか。でないとすれば、遣り場のない孤独やかなしみを抱えた人びとは、いったいどんな仕方で救いの道を求めてきたというのでしょうか。

そうした疑問に思いを致すとき、俄(にわ)かに注目されてくるのが、「うたう（歌う）」とか「うったう（訴う）」とかいった〈やまと言葉〉で言い表される人間の行為です。これらの語源説には諸説ありますが、「うたう」も「うったう」も、どちらも「打つ」という主体的動作に関連した行為を指す言葉だったようで、一説によれば、心に秘めた思いを表出することを意味する「心外(うと)う」に由来しているとも言われます。いずれにせよ、推察されるのは、思いを聞き届けてくれる他者が不在であっても、何かを打ち鳴らす調べに乗せて一人称の言葉を発することで、人は凝った心を世界に解き放ち、孤独を慰めるということをしてきたのではないかということです。

「なぐさむ」という動詞は、心の和みが促進されるという意味の「和(な)ぐ進(さ)む」が起源だと言われます。この国の貴族たちの間では、楽器を奏でるとか詩歌を作るといった行為は、心に和みをもたらす手段として見なされていたようですが、そのように人びとの心を慰める諸行為のことを総称した言葉が「あそび」だったと考えられます。

「あそび」がなぜ人間存在にとって慰みとなり得るのかについては、語源に着目することである程度、その理由が見えてくるように思われます。「あそ」というのは、もともと空虚で何もない状態のことを指しました。「ハンドルの遊び」などとも言いますが、この場合の「遊び」は、多少のハンドル操作ではタイヤが反応しない一定の余裕のことを意味しますし、空漠たる空間を外輪山の内側にもつ巨大なカルデラ山が「阿蘇山」と命名されたのも、同じ理由によるものと考えられます。つまりは、世間的な約束事に縛られることのない、気の赴くままの自由な営為をとおして「おのずから」の世界に「みずから」の心を融かし込むことで、古来、日本人は自己という存在が救われる手立てを工夫・追求してきたと考えられるのです。

童話作家の小川未明（一八八二－一九六二）に、『月と海豹（あざらし）』という作品があります。この童話作品に描かれているのは、私の解釈では、「みずから」の切なる思いを受け止めてくれる他者のいない孤独な存在にとっての慰め、究極の救いのありようにほかなりません。物語のあらすじはこうです。

――北方の海の氷山の頂に、一頭のアザラシがいました。アザラシは、秋のはじめに姿が見えなくなったいとしいわが子のことを思い、毎日、うずくまってあたりを見まわしていました。

アザラシは、悲しくて悲しくてなりませんでした。そこで、あわれなアザラシは、ひゅうひゅうと音を立てて吹きつける風に尋ねます。「どこかで、私のかわいい子どもの姿を見かけませんでしたか」。風は答えます。「私には、あなたが毎日子どものことばかり考えて、そこにじっとうずくまっている理由がわかりません。このあたりの海は、ひととおり駆け抜けました。でも、アザラシの子どもは見かけませんでしたよ。まあ、それでもどこかに隠れて泣いているかも知れないので、注意して見てみることにします。でも、こんど探して見つからなかったら、子どものことはあきらめるがよいでしょう。」

そうしてまたしばらく、氷山の頂にうずくまってじっとしているうち、アザラシは、いつだったか、月が体を優しく照らして、「寂しいか」と声を掛けてくれたことを思い出しました。そこでアザラシは、月に向かって「寂しくて、寂しくて仕方がない」と訴えたのです。

いつも寂しい町や暗い海を眺めながら世界中を旅してきた月は、アザラシの切実な訴えを忘れることはありませんでした。子どもと別れた親アザラシが、氷山の頂で、夜も眠らず悲しみに吼えている様子を、月は心底、かわいそうに思いました。そこで月は、再びアザラシに「寂しいか」と声を掛けました。けれども、月は、そのときはアザラシの寂しさを、それ以上、どうすることもできませんでした。

その夜から、月はアザラシを、どうにかして慰めてやりたいと考えるようになりました。あるときは、アザラシの知らない遠い国の話をして、アザラシの心を慰めようとしました。けれども、アザラシは横に首を振るばかりでした。いとしい子どもが、いまどこでどうしているのか教えて欲しい。それだけが、たった一つの願いだったのです。

ある晩、月は、南の方の野原で、若い男女が咲き乱れた花の中で笛を吹き、太鼓を打ち鳴らして踊っているのを見かけました。彼らは、一日の仕事を終えた後、皆で月の下で踊ってその日の疲れを忘れ、眠りに就くのでした。彼らが寝静まった後、月は小さな太鼓が野原に無造作に投げ出されてあるのを見ました。そこで月は、その太鼓を、あわれな親アザラシにもっていってあげようと思い立ちました。

氷山の頂にうずくまっているアザラシを見つけると、月は、「さあ約束のものを持ってきた」と言って、太鼓を渡しました。アザラシは、太鼓が大そう気に入った様子でした。しばらく経ってから、月がこのあたりの海上を照らしたときには、もう氷が解けはじめていましたが、波の間からは、アザラシの打つ太鼓の音が聞こえました。

この物語で特に注目されるのは、アザラシが打つ太鼓の音には、それを聞き届ける他者が想定されていないという点です。アザラシは、誰かに聞かせるために太鼓を打ち鳴らしているわけではありません。北の海に響きわたる太鼓の音を聞いているのは、太鼓を打つアザラシ自身です。にもかかわらず、アザラシは小さな太鼓を大そう気に入り、それをいつまでもいつまでも飽くことなく打ち続けている——。

なぜアザラシは、そのような行動を取ったのでしょうか。それは、子どもを失い悲嘆に暮れるアザラシにとって、そうすることが唯一の救いだったからでしょう。すなわち、月からもらった小さな太鼓を一定のリズムで一心不乱に打ち鳴らし続けることで、かなしみに凝った孤独な心は、「みずから」を包み込む大いなる世界のもつリズムの中に融け込んで、結果的に「おのずから」の世界そのものに慰められることにつながったのではないか、ということです。

太鼓を打つという主体的行為を通じてアザラシが悲しみを訴えかけたのが、具体的に想定された他者でないとするなら、「もの」の世界に訴えたとでも言うほかないでしょう。私はそこに、歌を歌ったり楽器を奏でたりといった「あそび」をとおして、「遣る瀬」のない現実に「せめて」もの救いを見出そうとしてきた、日本人の工夫の極みのようなものを見て取ることができるように思うのです。

七　「あやまち」と「ゆるし」

誰しもが「もの」の世界のさなかに投げ出されてある存在だということが、生身の人間にとっての紛うことなき事実であるからには、生きていく過程で、私たちが種々のかなわぬ出来事に苦しめられたり悲しみを覚えたりするのは、不可避のことと言わなければなりません。

そのような、人間存在に不可避的にともなう種々の苦しみは、仏教では「四苦八苦」として整理され、語られてきました。このうち「四苦」とは、「生まれること」、「老いること」、「病気になること」、「死ぬこと」に必然的に付随する四種の苦しみのこと、そしてさらに、これら「四苦」に「愛する人と別れること」、「怨み憎む人と出会うこと」、「求めても得られないこと」、「心身を構成する物質的・精神的な五つの要素に執着すること」の四種の苦しみを加えたものが、「八苦」と称されてきたのです。

釈尊以来、二五〇〇年近くもの長い歴史を有する宗教思想が私たちに教えてきたのは、畢竟、人間が人間である限り避けては通れない苦しみに、個々人がどう向き合って生きていけばよいかということに尽きると言っても過言ではないでしょう。しかしながら、「四苦八苦」として示される苦しみは、どこまでも人間存在そのものと表裏一体をなす不作為の苦しみです。したがって、現実世界を生きていく過程で、誰しもがこれらの苦しみに向き合わされることになるのはもちろんなのですが、実際のところ私たちが人生において味わう苦しみの多くは、「みずから」が犯した「あやまち」から生まれる苦しみであると言えるのではないでしょうか。

私たちが個々の人生で味わうこの種の苦しみに、まずもって指摘されなければならないのは、「みずから」を「もの」の世界に融かし込むことでは、決して消し去ることができないという性格でしょう。「みずから」が犯した「あやまち」が引き金となって生じた苦しみから、私たちが解放されるかどうかは、ひとえに被害者の側が許してくれるか否かに関わる問題だからです。

「あやまち」の動詞形は、「あやまる」（「あやまつ」）です。誰かを危険な目に遭わせる（「危める」）とか殺傷する（「殺める」）という意味の動詞「あやめる」と語源を同じくする〈やまと言葉〉で、「もの」の世界の「あや」なるありように通じる概念であると考えられます。ゆえに、「過ちを犯す」とか、「判断を誤る」などといった日本語表現には、「してはならない」ことをしたために、それまで良いあんばいに保たれていた「こと」の秩序が無秩序な「もの」の状態に逆戻りしてしまったことを責める気持ちが含まれていると推測されるのです。

同時に、「あやまる」という動詞は、しばしば「謝罪する」という意味でも用いられます。語源的には、「みずから」がなした行為が「あや」なる状態を出来させたことを事実として認めることを指したようですが、何故に日本人はこの動詞を、謝罪が求められる場面で使用してきたのでしょうか。それは、おそらく以下のような理由からではなかったかと想像されます。

「みずから」の行為により、秩序ある「こと」の世界を「もの」の状態へと引き戻すことは容易なことです。けれども、絶妙な「あわい」のうえに成り立ってきた秩序というのは、ひとたび崩れてしまえば覆水盆に返らずで、人間の主体的努力によりもとの秩序を回復することはきわめて困難で、事実上、不可能に近いと言わざるを得ません。そうした状況下で、私たち人間に主体的になし得ることがあるとすれば、せいぜいのところ過ちを犯したことを素直に認め、同じ過ちは二度と繰り返さないとの決意を周囲に示して理解を求めることくらいではないでしょうか。つまり、そうすることだけが、「みずから」の過失により生活世界が「危め」られてしまったときに、人間としてなし得る唯一の振る舞い、対処の仕方ではないかと考えられるのです。

法律の世界の発想に、「量刑」というのがあります。「量刑」という発想が適用されるときには、過ちによって生じた損害を、相応の処罰を受けることで埋め合わせることが求められます。罪の重さに見合った量の刑を科すことで、損害を賠償させるといった発想です。だから、場合によっては、たとえば、誰かをひどく傷つけたとか、死に至らしめたとかいった罪を犯した人には、量的に途轍もなく重い刑が科されることになる。死刑制度のないアメリカの州などでは、懲役数百年とか賠償金数百万ドルとかといった判決が下されることも、決してめずらしくはないのです。

「賠償」は、〈やまと言葉〉では、「あがない」（「あがなう」）とか「つぐない」（「つぐなう」）などと表現されます。前者は、人間の諸行為に附随して生じた「空（あ）き」を「綯（な）う」こと、後者も、同じく過失によって生じた欠損を、他の何かによって「継（接）ぎ」、「綯う」ことで埋め合わせをすることを意味したと考えられます。ただ、現代では、「あがない」、「つぐない」という概念を、日本語の語源に即して理解している人よりは、英語の“compensation”の訳語として理解している人の方が多いのが実情なのではないでしょうか。と言うのも、普段の生活の中で「あがない」や「つぐない」といった言葉が使われることは稀で、法的な事柄に関わる場合や、キリスト教の教理が語られる場合など、使用される場面はかなり限定されているからです。

“compensation”という英単語は、「ともに」を意味する接頭辞 com- と、「はかりに掛ける」ことを意味する“pend (pense)”から構成されています。けれども、よくよく反省してみれば、人を殺（あや）めてしまったような場合、罪の軽重をはかりに掛けて、犯した罪の重さと釣り合いが取れるように刑罰を科し、損失を穴埋めさせることなど、到底不可能でしょう。また、殺人のような罪でなくても、精神的に誰かを傷つけるとか、他人の大事な思い出の品を壊してしまうとかいった、誰しもが犯し得る、あるいはこれまでの人生ですでにいくつか犯してきた「あやまち」の中には、どんな「つぐない」も「あがない」も意味をなさない性格のものも数多く含まれていることは、否めない事実なのではないでしょうか。

日常の生活世界においては、罪は罪として、しかるべき咎めを受けなければならないことは言うまでもありません。しかし実際には、いくら罪人を縛り上げて損失の埋め合わせを要求したところで、犯した「あやまち」の性格によっては、まったく埒の明かないものも少なくないのです。だとすれば、購うことも償うこともかなわない「あやまち」というのは、どこかで許（赦）されるということがない限り、誰ひとり、この世界に生きていくことができないということになりかねないでしょう。

「あやまる」という〈やまと言葉〉が、世界を「危め」たり、他の生き物を「殺め」たりしたことを素直に認め、同じ失敗を繰り返さない決意を表明することを意味するとして、さらにその先に想定されなければならないのは、被害者の側の「ゆるし（許し／赦し）」でしょう。「ゆるす」の語源は、人を縛り上げていた縄をゆるくして解放することにあったようです。こうした原義からすれば、「ゆるす」という行為に、「おのずから」と「みずから」の「あわい」が欠けていることは明らかです。「お茶を入れさせていただく」とか「結婚させていただく」という言い方は、日本語表現として、成り立たなくもないでしょうが、「許させていただく」という言い方は、どうしても違和感が残ります。このことが意味しているのは、加害者が許されるか否かは、もっぱら「（許して）やる」か「（許して）やらない」かといった、被害者の側の意向に委ねられた問題だということでしょう。

ではいったい、私たちが犯してきた「あやまち」の多くは、最終的にどういったかたちで許されてきたと考えればよいのでしょうか。

飛躍した論理に感じられるかも知れませんが、私は日本人の間での「ゆるし」を可能にしてきたのは、「宗教心」であったと考えています。要は、人間の眼が日常の「こと」の世界から「もの」の世界へと向け直されることで、自分自身含め、一切の存在は「おのずから」の世界の住人であり、いついかなる場合も過ちをしでかしかねない存在であるといった認識こそが、他者に対する「ゆるし」を可能にしてきたということです。そのような反省を経て実現される赦しというのは、しぶしぶの妥協の産物では、決してありません。世間的関係性の次元を超越した、出世間的な次元での調和がおのずと可能にしてくれるものと言ってよいからです。

同様に、私たちがしばしば口にする「構いません」という言い回しにも、宗教的な眼差しによって実現される「ゆるし」のありようが指摘できるでしょう。「かまう」という動詞は、「咬み合う」の縮まったものです。そもそも「はかる」営みをとおして把握された事柄を相互に咬み合わせることで、カオス的だった世界を予測可能なコスモスの状態へと変えて「しる（知る／領る／治る）」ところに認められるのが人知のはたらきなのです。その意味で、「かまう」ことに価値が置かれるというのは、あくまでも世俗世界の道理に沿ったものの見方に過ぎません。それゆえ、「構いません」という日本語表現の裏には、種々の人為的決まり事に縛られた現実、多くの事柄が相互に「咬み合う」ことで成り立っている世俗世界的な諸規範をいったん白紙に戻すことで、「もの」の世界における存在の本来的平等性を回復せしめんとしてきた日本人の意図を透かし見ることができると考えられるのです。

いつまでも一つの「こと」に拘わり、「咬み合う」ことばかり気にしていたのでは、犯した「あやまち」はいつまでも許されることはないでしょうし、平穏な日常の回復など、望むべくもないでしょう。また、どんなに些細なことであったとしても、許されない「こと」が積もり積もれば、日々の生活すら、早晩立ちゆかなくなることは目に見えています。

「無礼講」などという言い方にしてもそうですが、そこには、せめて酒の席くらいは窮屈な世俗世界の身構えを緩めて、本来的な「もの」の世界に立ち返ろうではないかといった、この国の思想文化に受け継がれてきた「あわい」の発想の一端を見ることができるでしょう。

八　日本人の謝罪

評論家の森本哲郎（一九二五－二〇一四）は、『日本語 表と裏』という本の中に、彼のイギリス人の友人が、「どうぞ」と「どうも」の二つを「サバイバル・ジャパニーズ」と呼んでいるといったことを書いています。外国人が日本の社会で生きていくのに、最低限「どうぞ」と「どうも」の二語が使いこなせれば、何とか生きていけるということですが、私たち日本人でも、「はい」と「いいえ」と「どうも」くらい使っていれば、それほど不都合を感じないで暮らしていけるのではといった思いに、私自身も時折駆られることがあります。

わけても、「どうもこうも言えぬ」の縮まった「どうも」は、非常に汎用性が高く、使い勝手のよい言葉であるように感じられます。実際、私たちは、「どうも」と言って、感謝の気持ちや謝罪の意を相手に伝えることもできれば、期待通りに事が運んでいないことに対する遺憾の意を表明することも可能です。また、知り合いと出会った折に交わされる挨拶や、親しい友人との軽い別れの挨拶に、「どうも」が使われることも、めずらしいことではありません。僅か三文字のこの〈やまと言葉〉の背後に控えているのは、現実世界において経験される、目に見えるさまざまな事柄の裏には、つねに不可思議ではかり難い「おのずから」の力がはたらいているために、はっきりと白黒つけたもの言いが憚(はばか)られるといった、日本人の間で古くから共有されてきた「あわい」に基づく世界観ではないでしょうか。

さらに、より広い視野で身近な日本語表現を見渡せば、「どうも」に限らず、日頃からよく口にされる言葉や言い回しの中には、文脈に応じてさまざまな意味になり得る性格のものが少なくないことに気づかされるでしょう。「すみません」というのも、そうした多義性をもつ日本語表現の一つと言えます。

「すみません」は、あらたまった場面で口にされる場合には、大概、謝罪の意を表すことになります。ですが、飲食店などで店員さんを呼び止めたいときにも、私たちはつい「すみません」と言ってしまいますし、「ありがとう」や「さようなら」、あるいは「どうも」の代わりに「すみません」を使うこともしばしばです。そう考えると、すべての「すみません」に謝罪の気持ちが込められていると理解するのは、さすがに無理なように感じられてしまうかも知れません。しかし、どんな場面で発せられる「すみません」にも、幾ばくかの謝罪の気持ちが込められていることは確かだろうというのが、私の理解なのです。

ところで、英語の謝罪表現に目を転じるとき、すぐに思い浮かぶのが、“excuse”や“apologize”といった英単語です。中学英語の初期段階で、私たちは“Excuse me”という英語の謝罪表現を教わりますが、この表現が「すみません」以外の日本語に訳された例を、私はこれまで一度も目にしたことがありません。

しかし、日本語の「すまない」と英語の"excuse"とが、単純に置き換えが可能な概念かと言えば、そうではないでしょう。と言うのも、"excuse"の"cuse"とは、「原因」や「問責」を意味するラテン語の"causa"に由来していることに加え、接頭辞 ex- には、「外に出る」といった意味があるからです。

英和辞書を引くと、"excuse"単体では、「言い訳する」とか「釈明する」などと訳されています。このように翻訳されてきたのは、同じくラテン語の"causa"に由来し、接頭辞に「(内に)向かう」という意味の ac- をもつ動詞"accuse"が、「責める」とか「非難する」などと訳されることと、無関係ではないでしょう。すなわち、真剣に"causa"と向き合い、「みずから」がなしたことに対する責めを全面的に引き受けることが"accuse"であるのに対して、何らかの理由をつけて"cuse"("causa")の外に出ることで、他者からの責めを免れることが"excuse"と表現されてきたものと推測されるということです。

一方の"apologize"という動詞ですが、これは「言葉」、「表現」、「科学」、「学問」等々を意味するギリシャ語の"logy"(ラテン語の"logos")に、「離れて」、「関係して」といった意味を付加する接頭辞 apo- を冠した"apologia"に由来する言葉だと言われています。要するに、責任から離れるべく、言葉を尽くして自己の行為を弁明することで、「問責」から"excuse"するというのが、"apologize"が意味する謝罪のありようであったのだろうということなのですが、そのあたりのことは、ギリシアを代表する哲学者、プラトン(紀元前四二七－紀元前三四七)の名著とされる"*The Apology*"の邦訳が、『ソクラテスの謝罪』ではなく、『ソクラテスの弁明』とされてきたことからも、うかがい知ることができるのではないでしょうか。

だとすれば、“apologize”の和訳としては、“excuse”同様、「言い訳する」が適切であるような気もしてくるのですが、実際、“logos”を重んじる欧米人に対しては、すぐに謝罪するのではなく、まずは何が起こったのか、事態を丁寧に「ことわけ」し、論理的(ロジカル)に事の経緯を説明することが求められてくるのです。

ちなみに、「謝罪」の「謝」の字は、「言」偏に「射」と書きます。これは、現実に起こったことを、矢で的を射るように的確に言葉で表現するという意味ですから、中国人が罪を謝る際にも、やはりきちんと事態を「ことわけ」して説明することが大事だとされてきたことが知られるでしょう。

ところが、日本の社会では、そうした西欧人や中国人の謝罪の姿勢とは対照的に、「みずから」が犯した過ちを潔く認めることが美徳とされてきたようなところがある。「すみません」と並んで、日本人が謝罪の意を表明する際にしばしば用いる表現に、「申し訳ない」があります。「みずから」がしたことを、いちいち「申し訳」(「言い訳」)しないという日本人の美徳は、古くは『万葉集』に歌われた、「葦原(あしはら)の瑞穂(みずほ)の国は神ながら言挙(ことあ)げせぬ国」という言葉にも見ることができます。「言挙げせぬ」とは、他人の罪や過失を必要以上に論(あげつら)って非難することはしない、といった意味です。日本の社会に「言い訳」を嫌う風潮があるということについては、誰しも異論はないでしょう。日本人ならば、人生で一度や二度は、「言い訳するな!」と叱られた経験があるに違いないのです。

「言い訳するな!」という叱責には、過ちを犯したこと以上に強い非難の気持ちが込められていることも、実際少なくないでしょう。そこに見て取れるのは、その人の行為が世界を危めたことが事実である以上、これこれこういう理由で事態が起こったなどといった釈明は、聞くに値しない「言い訳」でしかないという、日本人の間で共有されてきた理解です。日本の社会では、「言い訳」することがかえって非難を増幅させることはあっても、真摯な謝罪の態度として受け止められることがないのは、こうした共通理解が思想文化の基盤をなしているからだと思われます。

グローバル化が進展した現代でも、「申し訳ない」という表現が日本人の謝罪言葉の典型として通用しているという事実は、そうした見解の妥当性を裏付けているでしょう。「あやまる」にしてもそうでしたが、「申し訳ない」というのは、言い訳できないという認識を表明した言葉に過ぎません。そこには、欧米人が言葉によって事情を説明するという営為を尽くして周囲の人びとに理解を求め、許しを請おうとする発想を持ち合わせているのとは対照的に、過ちは過ちとして認め、全面的に罪を引き受ける覚悟を相手に示すことを誠実な謝罪のありようとして捉えてきた、日本人独自の哲学が指摘できるのではないでしょうか。

少なくとも、"excuse"や"apologize"などの言葉に代表される西欧人の謝罪の発想と、〈やまと言葉〉を基層とした日本語表現に見て取ることのできる謝罪の発想との根本的な違いに意識的に向き合うことをしない間は、日本人の「ゆるし」のありようについての実のある議論ができるようには、私にはとても思えないのです。

九　「すなまい」世界

謝罪表現としての「すみません」に話を戻せば、日本人にとって最も一般的な謝罪表現は、「すみません」、もしくは「ごめんなさい」でしょう。

先にも述べたように、私たちは「すみません」を、謝罪が求められる場面のみならず、普段からさまざまな場面で、かなり広い文脈で使っています。日本人がそこまで「すみません」という表現を多用してきたのには、当然、それなりの深い理由があったに違いありません。

「こと」の世界を「あやめた」ことを事実として認める言葉が「あやまる」であったのと同じように、「すみません」も、「すまない」ことを事実として認める言い方に過ぎません。「すみません」は、漢字混じりで表記すれば、通常、「済みません」です。「済む」というのは、「事が終わる」ということですから、第一義的には、物事が成就しなかったり完遂されなかったりしたことへの遺憾の意が示されていると解釈できるでしょう。

しかしながら、「すむ」という動詞には、「事が終わる」以外に「清らかになる」とか「生活する」などの意味があって、その場合には、「清む」や「澄む」、あるいは「住む」、「栖む」、「棲む」などの、別の漢字が当てられてきました。「すむ」という身近な〈やまと言葉〉が、このような多義性を示し得るのは、そこにどのような思想的な原理が内在しているからだと理解すればよいのでしょうか。

有限な存在である人間が現実の世界で命をつないで生きていくためには、世界に対して何らかの主体的・継続的はたらきかけをなしていく必要があります。その過程で、はたらきかけを受けた側の世界には、必然的に変化が生じることになります。場合によっては、人間が何かをなしたことで、それまで良いあんばいに澄（清）んだ状態に保たれていた「こと」の世界に乱れが生じ、濁りのある、「きたない」状態に逆戻りしないとも限りません。

「みずから」の行為が澄んでいた世界を濁らせる結果を招いたということは、以前に比べて人間の住環境が悪化したということを意味します。濁った世界にはできれば住みたくない、いつまでも清らかで澄んだ世界に暮らしていたいというのは、人間だけに限らず、生きとし生けるものに共通の願いでもあるでしょう。要するに、「みずから」がなした行為が、さまざまな人びとの努力によって「あわい」の保たれていた世界を危め、澄まない事態、人びとがもはや平穏無事に住めない環境を出来させたということを、まずは事実として率直に認めたいという気持ちから、「すまない」という言葉が発せられてきたのではないかということです。

いったん環境世界に濁りが生じてしまうと、人間の努力でもとの済んだ状態を取り戻すことは不可能です。そもそも、世界が「澄まない」状態になったのは、「してはならない」ことをしでかしてしまったせいで「もの」の世界が人間の主体的はたらきかけにうまく応答しなかった結果であって、収拾をはかるために人間がそれ以上何かをなすことは、状態を悪化させることはあっても、「あわい」の回復にはつながらないとの諦めをもって、日本人は事態を眺めてきたのです。そうなると、人間にできることは、無理に手出しなどせず、おのずと秩序が回復されるのを待つしかないということになる。要するに、「すみません」という日本語表現には、そのような償うことも贖うこともできない事態に相対しては静観するにしくはないといった、日本人独特の「あからめ」の思想を見て取ることができると考えられるのです。

謝罪することは、〈やまと言葉〉では「わびる（詫びる）」とも表現されますが、これは、簡素で粗末なありようを示す「侘びしい」などとも語幹を共有する動詞です。「わび」というのは、「わびさび」という言い方がされるように、「寂れる」や「寂しい」などの動詞の語幹をなす「さび」

と並んで、日本人の美意識を象徴する概念としても注目されてきました。何故に簡素で粗末で寂しいありようが、美的な評価につながるかについては、もはや一から説明するまでもないでしょう。それは、はかりごとの及ばない世界の本質に触れる経験が、「みずから」の「こと」の世界に偏しがちな人間を、存在本来の「もの」のありようへと立ち帰らせてくれる重要な契機になると捉えられてきたためです。

「詫びる」という行為にしても、言い訳などせず、自分自身がはかりごとの及ばない「もの」の世界に身をやつしている「侘びしい」存在であるということを、他者に態度で示すことにほかなりません。そのあたりのことは、謝罪する際に、「すまない」と言いながら頭を下げたり土下座をするなどといった、日本人独自の「詫び」の作法にも表れていると言えるでしょう。そうすることで、古来、日本人は、「みずから」が「おのずから」の世界の住人であるということを、他者に対して身をもって示してきたのです。

しかしながら、「侘びしい」世界に生きているというのは、澄まない世界を出来させてしまったことを詫びる人間だけにあてはまる事実でないことは言うまでもありません。「すまない」と頭を下げられた側の人間も、相手方のそうした「詫び」の言動に触れたことを機に、自分自身もまた「侘びしい」世界の住人であるという思いを、あらためて強く掻き立てられることにもなるでしょう。つまり、詫びられるという経験をとおして、誰しもが有限な身を生きているという存在の根源的平等性に気づかされるのと同時に、一切の存在に対する「ゆるし」の可能性が開かれてくることで、結果的に秩序の回復へと向かう動きが加速されることになるのではないかと考えられるのです。

してみれば、「ごめんなさい」が、どういった理由で日本語の謝罪表現として広く使用されるようになったのかに関しても、十分に頷けてくるのではないでしょうか。

十 「水に流す」

「お役御免」という言葉があります。江戸時代の侍たちが公職から解放され、それまで職責として背負ってきた重圧から晴れて自由になることを意味したのですが、謝罪言葉としての「御免」は、そのことに由来しているようです。

「御免」は、いまでは多くの場合、「ごめんなさい」とか「ごめんくださ い」といった言い回しの中で使われています。ですが、「免」というのは、もともと「免ずる」、負債を棒引きするということを意味しました。したがって、謝罪表現としての「ごめん」が、「償い」や「購い」、「言い訳」などとは発想を異にしていることは明らかで、犯した過ちに対して義務や責任はないものとして放免して欲しいというのが、この謝罪表現に込められた、本来的な意味合いだったと理解されるのです。

しかし、だからと言って日本人は、「ごめん」と言うことで、「みずから」がしでかした過失によって生じた負債を、たんに棒引きにして欲しいと都合よく懇願してきたわけでもなさそうです。なぜかと言えば、「ごめん」という言葉を口に出して言うときにも、やはり大抵の場合、深々と頭を下げるとか、胸の前で手を合わせるなどの動作をともなうからです。つまり、これらの動作は、「詫びる」という行為と同じく、「みずから」が「すまない」世界に住んでいるという有限性の認識の表出であると解釈できるということです。

そこでもし、「ごめんなさい」と謝られた側の人間が、自分自身も「すまない」世界の住人であるといった感得に至ったとします。その場合にも、やはり詫びられた側としては、詫びている相手方の過失を、もはやそれ以上責め立てる気にはなれないのではないでしょうか。「みずから」もまた、「侘びしい」現実に身をやつす存在であるということを真摯に省みるとき、加害者だの被害者だのといった関係性は、元来、意味をなさないといった思いに至らざるを得ないからです。

ただ、そのことは、裏を返せば「ごめんなさい」という言葉が衷心から発せられたものでなく、相手の心の内奥に届いていないうちは、加害者と被害者という不均衡な関係性は解消されることがない、ということでもあるのでしょう。だからこそ日本人は、「ごめんなさい」や「すみません」が、真の意味で謝罪の意を示し、被害者との間に「ゆるし」が実現されるには、言葉による謝罪だけでは不十分で、「みずから」の身や心の潔白を証明してみせることが重要であると考えてきたのです。

「みずから」の心身の潔白を証明することで深い反省の意を示すというやり方については、記紀神話に見られる謝罪の描かれ方などに、いくつかの例を確認することができます。たとえば、「みそぎ」と称される行為などは、日本人が他者に深い反省を示す方法の一つだったと考えられます。

「みぞぎ」という〈やまと言葉〉の語源に関しては、「身削ぎ」（「身殺（そ）ぎ」）だとする説がある一方で、「身濯（すす）ぎ」（身雪ぎ）であるとする説などもあり、一定しません。が、いずれにせよ、過ちを犯した人間の心身の潔白を証明してみせることが、生活世界の秩序が速やかに回復されるにあたり重要視されてきたことは間違いなさそうです。

　このうち、「身削ぎ」説に関して言えば、アマテラスとスサノオの姉弟喧嘩を伝える神話に起源をたどることができます。あるとき、高天の原で神々を祀る仕事に従事していたアマテラスのもとを訪れたスサノオが乱暴狼藉をはたらき、姉の祭祀の邪魔をします。その後、スサノオは、八百万（やおよろず）の神々により高天の原を追放されることになるのですが、その際、神々は、スサノオの髭を切り、手足の爪を抜くということをしています。この行為が「身削ぎ」の語源とされるわけですが、それにしても、なぜスサノオは髭を切られたうえに、爪まで抜かれなければならなかったのでしょうか。それは、おそらくこういうことだったのではないかと想像されます。髭や爪は、死んだ後も一定期間、伸び続けます。そのため、そこには強い生命力が宿ると信じられており、髭を切り、爪を引っこ抜くというのは、身体のうちでも大事な部分が削ぎ落とされることを意味しました。そうすることで、生命力を殺がれたスサノオは、二度と再び共同体の秩序を乱すようなまねができなくなったと解釈できるのです。

　日本人の中には、いまでも心の底から反省し、同じ過ちを繰り返さない決意を他者に示すのに、頭を丸める人がいます。武士であれば、切腹というより過激な手段をも辞さなかったのでしょうが、身体の一部を削ぐ、もしくは身体に刃（やいば）を向けて「みずから」の命を絶ち、落とし前をつけるといった振る舞いは、日本人にとって、身の潔白、心のまことを証明するための最終手段であったと言えるでしょう。

　では、もう一つの「身濯ぎ」説についてはどうでしょうか。「身濯ぎ」説の起源も、神話の中に求めることができます。汚れなどを水で洗い落とすことを、〈やまと言葉〉で「すすぐ」とか「そそぐ」とかと言います。「汚れ」は、「よごれ」とも「けがれ」とも読むことが可能ですが、「けがれ」という〈やまと言葉〉に関して言えば、「怪我の功名」という言い方にその名残があるように、「けがれ」の「けが」には、「外傷」のほか、「過失」とか「不測の結果」といった意味があります。ゆえに「けがれ」というのは、自力の及ばない「もの」の世界に片足を置いて生きている私たちにとっては避け難いものと言わざるを得ないのでしょうが、日本人は生活につきものの「けがれ」を忌み嫌い、遠ざけようとしてきたこともまた事実なのです。

　日本人が「けがれ」を嫌ってきたのは、それが世界を濁らせ、「かた」（「きた」）のない、「きたない」状態を生み出す元凶であると見なされてきたのと同時に、放置しておけば「気枯れ」にもつながることが危惧されたからではなかったかと想像されます。濁った世界を澄んだ状態に戻す力は人間にはないと見られていたように、有限な人間に、「汚れ」そのものを浄化できる力などあるはずもありません。だからと言って、濁った世界が「おのずから」澄むのを、ただ指を咥（くわ）えて待っているわけにもいかないとすれば、人はあえて行動を起こすことで世界の浄化作用を促すということも、平穏な日常を取り戻すにあたって欠かせない営みとして、あらためて摑み直されてくることになるでしょう。

　それでは、どうすれば汚れて濁った生活世界を手っ取り早く澄んだ状態に回復せしめ、平穏な日常を取り戻すことができるというのでしょうか。そのための方法の一つは、次に紹介する和歌の中に、暗に示されているように思われます。

世々をへて 濁りに染みし わが心 清滝川に すすぎつるかな

鎌倉時代に編纂された歌集『玉葉集』に収録されている歌ですが、ここに表明されているのは、長年生きてきてすっかり「濁りに染み」て汚れてしまった自分の心が浄められ、生き生きとした暮らしを取り戻せたのは、大いなる世界の流れに心が濯がれたおかげだという、詠み人自身の深い感慨です。

「水に流す」というのは、要するに、そういうことなのでしょう。「申し訳ない」、「すみません」と、過ちにより生じてしまった世界の汚れは、「みずから」の努力では如何ともし難いことを素直に認め、有限な自己存在の至らなさを、まずは心の底から詫びること。そうすることで被害を受けた相手に、汚れをきれいさっぱり水に流して負債を棒引きにしてもらうことで、生活世界が浄らかで澄んだ状態に速やかに回復されることを願うといった日本人の謝罪の姿勢は、都合がよいと言えば、確かにその通りでしょう。日本人のそうした姿勢を、主体性の欠如だとか無責任だとか非難することは簡単なことです。しかしながら、「ごめんなさい」と免じられることによって許されることがないとすれば、私たちは誰ひとり、この世界に生きてはいけないということもまた、否めない事実なのではないでしょうか。

私は、普段何気なく使っている日本語の端々から、生活の足場となるような世界観や人間観を掘り起こす作業を通じて、近代以降の混迷の時代を生きる人びとが、いたずらにニヒリズムに陥ることなく、「おのずから」の世界と「仕合わせて」生きていくための多くのヒントを探しあてることができるものと確信しています。自己の視点を相対化して、自分自身を客観的に見つめ直すという意味では、外国語の習得に努めるということも、大事な作業ではあるのでしょう。しかし、そうした方向での努力以前に、日本人としていの一番に取り組まなければならないのは、先人たちが実生活の中から時間をかけて紡ぎ出し、生活の根底的な支えとしてきた思想文化に向き合うことであろうというのが、私自身の揺るぎない信条でもあるのです。

第四章　「仕事」と日本人

一　「前のめり」の時代

〈やまと言葉〉の「はかる」には、「図る」、「測る」、「量る」、「計る」、「諮る」、「謀る」など、多様な漢字が当てられてきました。さらに、生活に不可欠な基本的な営みを表す「はかる」には、人間の主体的な行為に密接に関わる関連語が数多く存在します。「はかどる」もその一つで、田植えや稲刈りの際に割り当てられた「はか」を滞りなく処理していく、「はか」がいくという意味ですし、「はかばかしい」、「たばかる」、「おもんぱかる」、「あさはか」なども、人間が生きていくうえで不可欠な「はかる」営みに関連した語と見ることが可能です。

いつの時代にも、人びとの暮らしに「はかる」営為が求められてきたことは確かです。とは言え、「はかる」営みが今日ほど強く求められる時代を、日本人はいまだかつて経験したことはないとも言えるのではないでしょうか。

「はかる」ことの意義が強調され過ぎることが、自力偏重の時代的風潮を生み、人間の行為に歯止めが失われるなどの弊害をもたらしかねないことはもちろんですが、そのこと以上に危惧されるのは、そうこうしているうちに、「あわい」に立つものの見方そのものが見失われ、そうした知恵を省みようとする人間すらいなくなってしまうのではないか、ということになります。言い換えれば、現代の日本社会が抱える種々の問題の裏側には、人為的営みのすべてを、究極的にははかることのできない、「はかない」営みであると観じてきた思想そのものが忘却されようとしている、という根本的問題が指摘されなければならないというのが、私の一貫した問題意識でもあるのです。

とりわけ昨今の日本語には、〈カタカナ語〉として多くの語彙が取り入れられるようになってきています。そうした傾向が必然的に生み出す社会的風潮のことを、倫理学者の鷲田清一（一九四九－）さんは、『老いの空白』という本の中で、「前のめり」と表現しています。鷲田さんによれば、現代日本人に見受けられる「前のめり」な生き方は、西欧社会に深く刻まれた"prospective"な時間意識の影響下に形成されたものにほかならないとされるのです。

"prospective"というのは、「見る」「観察する」を意味するラテン語を語源にもつ"spect"に、「前を」を意味する接頭辞 pro- および「～の性質のある」という意味の接尾辞 -ive が付加されてできた形容詞ですから、「前望的な」とでも訳しておくのが無難でしょう。接頭辞 pro- を冠し、人間の前かがり的な姿勢を表す英単語は、他にも"project""program""process""produce""promote""profit""progress""profession"など、実に枚挙に暇がありません。

現代の日本社会では、ここに列挙した英単語の大半はビジネスの世界を中心に、カタカナ表記のまま使われているのが実情です。そして、実際、ビジネス社会に身を置く日本人の多くは、ある「プロジェクト（企て）」を推進するには、綿密に「プログラム（計画）」を作成し、一定の「プロセス（手続き）」を経て、商品を「プロデュース（生産）」するとともに、それらをうまく「プロモート（促進）」することで、「プロフィット（利益）」を追求することこそが、「プロフェッション（プロの仕事）」であり、その先に社会全体の「プログレス（進歩）」が実現されるということを、どこかで素朴に信じ、日々の仕事に向き合っているようなところがあるのではないでしょうか。

一言断っておくと、私が「どこかで素朴に」といった言い方をしたのは、英語を母国語としている人びとの仕事観の背景には、日本語を母国語として生活してきた人間には容易に想像の及ばない、彼らなりの深遠な世界観が存在していると考えられるためです。そうした彼らの深遠な世界観の一端は、たとえば、「（主として知的な）職業」のことを指す"profession"という単語に、「信仰告白」という意味があることにもうかがえます。現代の日本社会では、「プロ」意識をもって仕事に向き合うことが推奨されますし、自分は高い「プロ」意識をもって仕事に取り組んできたと自負している人も少なくないでしょう。しかし、欧米人が考える「プロ」意識というのが、宗教的な眼差しを抜きには語れない性格のものだということまで理解したうえで、仕事に向かう自身の姿勢を「プロ」だと認識している日本人は、はたしてどれほどいるでしょうか。そこまで深い理解に立ったうえで「プロ」という言葉を使っている日本人は、皆無に近いのではないかというのが、私の率直な感想です。

ことほどさように、思想的背景の見通せない多くの概念に囲まれて暮らしていれば、それらの言葉がもつ意味の上澄みだけが自己の価値観として取り込まれ、結果として「前のめり」の姿勢が加速されることになるのは、当然の成り行きと言うほかありません。そして、そのことの副産物として生まれてくるのが、人間の価値をもっぱら労働力という観点からはかろうとする、「メリトクラシー」の風潮です。

「メリトクラシー」というのは、一九五〇年代の後半に、イギリスの社会学者のマイケル・ヤング（一九一五－二〇〇二）によって生み出された概念です。これは「業績」や「功績」を意味する“merit”と、支配力や統治力を擬人化したとされるギリシア神話の神、クラトス（ギリシャ語“Kratos”・ラテン語“Cratus”）に由来する“cracy”からなる造語だと言われます。日本語では、しばしば「能力主義」とか「業績主義」などと訳されますが、人間を「人材」と見なして価値（メリット）をはかろうとする欧米的な発想は、現代の日本社会においても、かなりの程度浸透していると言ってよいでしょう。

とは言え、こうした「メリトクラシー」の発想が、いかにも血の通わない非人間的なものだということを感じつつ生活している人も少なくないはずです。それでもなお、多くの人は、「はかる」ことに重きが置かれる現代社会から脱落することを恐れてか、必死に「メリトクラシー」の世界にしがみつこうとしているように、私には感じられます。とりわけ、生まれてこのかた、かかる価値観が支配的な世の中でしか生きてこなかったがために、別の価値観に従った生活のかたちもあり得るのではないかということに目が向きにくくなっている現代人たちにとっては、「前のめり」に走り続けることだけが己が身を保つ唯一の道であるかの如くに感じられるといった事態が、容易には後戻りできない段階にまで進行しつつあるというのが、この国の現状であるように思われるのです。

二 「しごと」という発想

ではいったい、多くの日本人が「前のめり」の思想に取り憑かれる以前には、日々の生活を成り立たせる営みというのは、どのようなものとして捉えられていたのでしょうか。

生計を立てるのに必要な労働のことは、〈やまと言葉〉では「しごと」と表現されてきました。この語を、日々の生業（なりわい）を支える基盤となる人間の主体的行為を指す「事の端」として使い続けてきた日本人の労働観の背景に、「もの」にはたらきかけて何かを「する」ことで、「こと」を生み、作るといった古くからの生成観があることは、まず間違いないでしょう。「落ち葉」とか「食べ物」などのように、日本語の名詞には、動詞の連用形（「落ち」、「食べ」）に体言（「葉」、「物」）が接続することで一単語を形成するものが少なくありません。「しごと」もその一つで、動詞「する」の連用形「し」に、体言の「こと」が接続してできた単語であると見ることができます。

私自身の限られた経験の範囲内で言えば、〈カタカナ語〉が横溢する現代でも、生計を立てるためになされる日々の労働のことを、「ビジネス」とか「ジョブ」などと表現したがる日本人にお目にかかることは、滅多にありません。逆に、「しごと」という古くからある〈やまと言葉〉を積極的に使いたがる日本人は、職種を問わず、むしろますます増加する傾向にあるようにすら感じられます。

これは、ご自身が里山で生活しておられる哲学者の内山節さん（一九五〇－）から直接うかがった話ですが、里山に暮らしてきた人びとにとっての倫理の基本は、自然の循環を壊さないことにあると仰っていたことが思い出されます。

里山の人たちは、木々を伐採し、それらを薪にしたり炭にしたりして生活してきました。猟師であれば、里山のクマやイノシシ、ウサギやシカなどの動物を仕留めて食したりもします。人間も生き物なのですから、どれほど文明が発達しようが、他の生物同様、環境の一部であるという自然界の掟から抜け出すことは不可能です。であるからには、自然環境に依存し、それらを利用することなしには暮らしてはいけないのです。カラスが木の上に巣を作ったり、ビーバーが川を堰き止めてダムを作ったりするように、ある程度自然に手を加え、環境を変えるということまでも含めて、「人間の自然」と理解されなければならない。ところが、自然環境の大事さを教えられてきた現代人は、木々を伐採したり鳥や獣を殺したりするのは、自然を破壊する行為だから良くないと捉えてしまうようなところがあるようです。

そうした発想に対して、内山さんは、里山に暮らしてきた人たちは、決してそうは思考してこなかったと主張される。里山の人たちが「悪」としてきたのは、木を伐り過ぎたり、鳥獣を殺し過ぎたりして、自然の循環そのものを破壊してしまうような行為なのであって、その意味では、山林を荒れ果てたままにしておくことも、増えすぎた鳥獣を駆除しないことも、良くないことと見なされてきたと言われるのです。

私は、内山さんが指摘する里山の倫理というのは、里山に暮らす人たちだけにあてはまるものだとは、まったく思いません。日本で最初の公害事件と言われる足尾銅山鉱毒事件の解決に奔走した、衆議院議員の田中正造（一八四一－一九一三）は、晩年の日記に「真の文明は、山を荒らさず、川を荒らさず、村を破らず、人を殺さざるべし」と記しています。里山の人たちに限らず、日本人一般の倫理観の基層には、自然の「なる」はたらきが阻害されることが明確に予見されるような行為は、「してはならない」ということ、「してはならない」ことを無理になすならば、「おのずから」の世界から手痛いしっぺ返しを食らうことになり、早晩生活が立ちゆかなくなるといった発想があったことは、本書でこれまで確認してきた日本人の思考構造からして、容易に想像がつくはずです。

そのため日本人は、世界との「あわい」を無視してなされる独りよがりな営みを、決して「しごと」とは見なしてこなかった。「しごと」と称されてきた人間の営為を、日本語表現の随所に見受けられる「あわい」の発想に沿うかたちで、あらためて構造的に把握し直すとすれば、おそらくはこういうことになるのではないでしょうか。すなわち、環境として与えられた「もの」の世界に対し、主体的に何かを「する」ことを通じてさまざまな「こと」を引き出し、人びとの暮らしをより豊かなものにしようとする意図のうえに成り立つのが、「しごと」本来のあるべきかたちではなかったかということです。

日々の暮らしを支える営為のことは、〈やまと言葉〉で「なりわい」とも言われます。動詞「なる」の連用形に、ある状態が長く続くという意味の動詞「はう（延う／這う）」が付加されてできた名詞ですが、要は、「みずから」の行為と「おのずから」の世界とが、うまい具合になり、「仕合せ」た状態が先々まで「はう」ことで、さまざまな事柄が「はえる（栄える／生える）」ところに、日本人は「さいわい（さきはひ）」を思い描いてきたものと想像されるわけです。

〈カタカナ語〉が氾濫する現代にあっても、「しごと」という〈やまと言葉〉がいっこうに廃れる気配がないのは、そうした世界観が思想の基底において共有されてきたからでしょう。つまり「みずから」がしたことが、生活世界の「さいわい」を破壊するのではなく、微力ながらも「おのずから」の世界との「あわい」のうちに成就する「仕合わせ」の実現に貢献してほしいという願いが、「しごと」という〈やまと言葉〉への無意識の愛着となって表れているというのが、私なりの解釈なのです。

三 「侍」の思想

一人ひとりの人間が、ほかの誰とも存在を兼ねることのできない唯一無二の存在として世界にあるという事実は、裏を返せば、一人ひとりが悲しみを抱えた、絶対的に孤独な存在であるということを意味しています。私たちにとっての生の現実が、そのように兼ねられない悲しみとともにあるのだとするならば、存在に不可避的につきまとう悲しみをどう引き受け、どのように人生の糧に変えていけるかといった課題に個々が向き合って生きていく以外にないというのは、たんに私一個人の受け止めだけにとどまらない、人間存在の内奥に根ざした普遍的な思想課題と言ってよいのではないでしょうか。

日本天台宗の開祖である最澄（七六七－八二二）は、「一隅を照す、これ則ち国の宝なり」という言葉を残しています。また、曹洞（そうとう）宗の開祖である道元（一二〇〇－一二五三）も、「一隅の特地」ということを述べています。最澄や道元といった、一五〇〇年近くの長い歴史をもつ日本の仏教界を代表する人傑が、そろいもそろって「一隅」という言葉に目を向け、そこに「宝」ないし「特地」を見ているのは、たんなる偶然ではなかったはずで、そこには、仏教的な無常観から導かれてくる、当然の道理があったからに相違ないのです。

そもそも、この世が無常だからと、いまここに存在している自己を否定してみたところで、何もはじまらないでしょう。そんな感傷的で後ろ向きな嘆きを発することよりも、ずっと大事なことは、理屈はどうあれ、世界に「一隅」を与えられてあるという我が身の事実を真摯に見つめ直すことではないでしょうか。志賀直哉の最期の作品「ナイルの水の一滴」にも見られたように、有限性の深い自覚に至った人間にとって、自己が「一隅」を与えられて世界に落居しているという事実が有り難い奇跡であると感受されてくるというのは、まったくもって道理に適った現象であると私には感じられます。

ところで、「御座居ます」という言葉遣いを日本人はよくします。「している」を丁寧にした言い方ですが、このありふれた表現に指摘できるのは、主体的な意図をもって何かを「して」、その結果、命をつなぐことができて「いる」といった「あわい」の発想でしょう。

ちなみに、古語では、「御座る」という言い方もよくされます。これは、「居ます」を「ある」に置き換えた、「御座ある」という表現が縮まったもので、いわゆる「武士語」ですが、あとでも述べるように、そこには戦闘者として生きてきた武士ならではの死生観が色濃く反映されているものと考えられます。

「御座居ます」や「御座る」の「座」が端的に指しているのは、発話者が座しているその「場」のことです。これに「御」の字がついているわけですから、「御座居ます」でも十分に丁寧な言い方と言えるでしょうが、武士たちの間では、これよりももっと丁寧な「御座候（ござそうろう）」が一般的だったようです。

「候」は、古語の「さもらう」という動詞が、音声上「さぶらう」から「そうろう」へと変化したもので、単独の動詞として用いられる場合には、身分の高い人のそばに控えることを意味しました。現代の日本語では、「さもらう」(「さぶらう」、「さむらう」)といった動詞形で使われることはまずありませんが、これの名詞化したものが「侍」であるということを考慮すれば、死語とまでは言い切れないのかも知れません。

身分の高い人のそばに控えて、常時その人の警護にあたるのが、「侍」に与えられた任務です。そのため、「さぶらう」従者と「さぶらわれる」主人との間には、当然のことながら、関係性に不均衡が生じることになります。このことが何を示唆しているかと言えば、主従の別からなる俗世間の「一隅」に身を置いて、社会秩序の形成や維持に貢献すべく全存在を賭すことで成り立つのが、「侍」と称される人びとの「しごと」だったということです。とは言え、俗世間の「一隅」を生きることに自己の存在意義を見出していた「侍」たちが、出世間的＝宗教的な眼差しを持ち合わせていなかったかと言えば、決してそうではないでしょう。

「侍」たちは、「みずから」に与えられた任務を、「奉公」と認識していました。この場合の「公」とは、直接的には、政(まつりごと)を司る「公家」ないし「公儀」、すなわち世俗世界で実権を握る権力者のことを指します。しかしながら、たんに強力な軍事力をもつ人たちが自分たちよりも身分の高い権力者に仕え奉ずることで、長期にわたり社会体制が安定的に維持されてきたとは考えにくいでしょう。「侍」たちにより支えられた統治体制を、多少の不満はあったにせよ、多くの人びとが受け容れてきた背景には、万人が納得し得るような、それなりに深遠な思想や哲学があったはずなのです。

「公」は、訓読みすれば「おおやけ」です。大きな家のことを意味した「大宅(おおやけ)」が語源だとも言われますが、ありとあらゆる存在は、大いなる「いのち」のはたらきに支えられているとする日本仏教の生命観からすれば、「大宅」の住人は、人間だけに限られないでしょう。まして、「大宅」に奉仕すべくなされる「奉公」が、世俗の権力者の威を借りて自分たちよりも実力で劣る人びとを搾取するといった、「私（わたくし）」の狭い了見だけで成り立つような仕事でないことは言うまでもありません。

このことから推し量られるのは、以下のことです。つまり、俗世間における支配者が、「公家」とか「公儀」とかと呼ばれたり、「侍」の仕事が「奉公」と認識されてきた背景にも、生きとし生ける存在の平等を眼差す宗教的な視線があったということ、言い換えれば、「侍」たちが「みずから」の仕事に正当性を見出せたと同時に、民衆の側も武家による支配を正当な力の行使として容認できたのは、「侍」たちが、「一隅を照らす」べく「奉公」に励むことが、世界全体の「仕合わせ」につながるとの確信があったからに相違ないということです。

佐賀藩士だった山本常朝（一六五九－一七一九）は、口述書『葉隠』の中で、「侍」たる者、「無理無体に奉公に好き、無二無三に主人を大切に思えば、それにて済むことなり」と述べて、ただひたすら「主人」に奉仕して生きる武士の生き様を、「奉公三昧」と表現しています。『葉隠』の中で語られる、いわゆる「武士道」の思想が、強固な「宗教心」なくしては成り立ち得ない性格のものであることは、論を俟ちません。その証拠に、山本常朝は、四二才のときに出家をし、仏門に身を投じています。

『葉隠』の口述の中でも、「宗教心」を持ち合わせた人間が「少し魂の入りたる者」と評されているあたりは、とりわけ興味深く感じられます。宗教的な眼差しの有無が、常朝の人間評価における重要なポイントであったことは間違いないようです。が、その一方で彼は、「宗教心」に目覚め、世俗の我欲を離れることを願うあまり、俗人として生きる道を早々に放棄して出家している西行法師や兼好法師らに対し、「武士道が成らぬ故に、ぬけ風を拵え」たる「腰抜、すくたれ者」だと、非常に辛辣な言葉を浴びせてもいるのです。

　このように、確固たる「宗教心」をもちながらも、どこまでも一為政者として、世俗世界の「一隅」に「みずから」の生きる道を見出していかなければならなかったところに、「侍」たちの宿命があったと考えられるわけですが、彼らの生き様に見ることのできる徹底したリアリズムは、現代を生きる日本人の思想の中にも連綿と受け継がれていることは確かです。

　日常的に用いられる日本語表現のうち、その種の思想が明瞭に見て取れるものとして、真っ先に思い浮かぶのが、「一生懸命」です。これは、もともと中世の武士たちが「奉公」に対する報償として分け与えられる所領のために、文字通り「命懸け」になったことを意味した「一所懸命」に由来する言葉ですが、私たちが何かに「懸命」になれるのは、そこに「みずから」の命以上の価値が見据えられていればこそのことでしょう。翻せば、何ごとであれ「一生懸命」になれるには、相応の死生観が鍛えられている必要があるということでもあって、死んだら元も子もないなどといった発想は、「侍」たちの「懸命」の思想とは相容れないものと言わなければならないのです。

　突き詰めた死生観から導き出されてくる「侍」たちの人生態度は、「一生懸命」以外にも、「死にもの狂い」、「必死に」、「決死の覚悟で」などといった言葉遣いや、「真剣」とか「きっかけ」といった言葉などにも、如実に見て取ることができるでしょう。

「真剣」に関して言えば、チャンバラ遊びに「真剣」は用いません。「真剣にやれ！」というのは、

「勝負に負ければ命を落とすぞ」といった意味で、文字通り「命懸け」の態度を迫る言い方です。それに対して、「きっかけ」の語源は、そのような危険極まりない「真剣」をもって相手に「斬り掛ける」ことにあります。「きっかけ」という言葉は、「きっかけを摑む」とか「きっかけを外す」などといった言い回しの中でしばしば使われますが、前者は、真剣勝負において相手の機先を制すること、後者は、斬り掛けるタイミングを逸して相手に遅れをとることを意味したのです。

また、「鍔(つば)迫り合い」や「鎬(しのぎ)を削る」なども、「一隅を照す」人生に真剣勝負で臨んできた「侍」たちの生き様から生まれた表現であることは明らかです。その先に待ち受けているのも、同様に相手の死か、さもなくば、自分の死のいずれかでしょう。要するに、それくらい気を引き締めて物事に向き合えというのが、「公」の奉仕者たる自覚をもって生きていた「侍」たちの人生訓だったということです。

四　「役」に立つ

それぞれがそれぞれの境遇を「一隅の特地」として生きていくほかないというのは、出家者や「侍」たちだけでなく、有限な自己が無限の「いのち」のはたらきに支えられた存在であるといった根本撞着を孕んだ自覚を得るに至った多くの日本人にも、共有されてきた実感であったはずです。中世の武士たちが見出した「一隅の特地」の場合で言えば、まさに「一所」のために全存在を賭す生き方だったと考えられるのですが、彼らが「命懸け」になったのは、しかしながら、あくまでも「所領」という、かたちあるもの、有限なものに対してだったのです。

対照的に、「宗教心」の特色は、「みずから」の「仕合わせ」の追求が、世界全体の「仕合わせ」の追求と背馳しないところに見出されます。こうした観点からすれば、「所領」のような有限なもののために「命懸け」になった中世の武士たちの生に対する姿勢は、「宗教心」とは、似て非なるものとしなければならないようにも思われます。

実際、「一所」のために「懸命」になった「侍」たちは、鎌倉時代から室町時代にかけて、私利私欲に駆られた闘争に明け暮れたという見方もできなくはないでしょう。少なくとも、無辜の民を巻き込んだ戦乱の世を招来させた彼らの振る舞いが、高度に倫理的だったとは、とても言えないのではないでしょうか。

「侍」たちの思想がより「宗教心」へと近づき、その生き様が「道」と称されるまで洗練されていくには、戦乱の時代に終止符が打たれるのを待たなくてはなりませんでした。そこではじめて、「一所」のために遮二無二生きようとした彼らの倫理は、自身の「一生」の中でお上から与えられた「役」のために命を懸ける「一生懸命」の倫理へと変化していったと考えられるのです。

「役に立つ」というのは、現在でも頻繁に使用される言い方です。この慣用句が生み出された背景に、どのような思想があったのかということについて思いを巡らせた経験があるという人は多くはないでしょうが、このありふれた言い回しにも、はかない人生において有限なる我が身をどう処して生きていけるかを、「宗教心」と矛盾しないかたちでいかに見出すことができるかといった実存的な問いに対する先人たちの一種の実践哲学を見て取ることができます。

「役」とは、「公儀」とか「お上」とかと称される日本の官僚機構に組み込まれた人間が、各々に担うべき任務のことを意味しています。これら「役」として個々人に与えられる任務というのは、死ぬまでつきまとうような性格のものではなく、「お役御免」になればそれまでの、有限なものに過ぎません。

にもかかわらず、「役」というものに、日本人は並々ならぬこだわりを示してきた。そのことは、たとえば、他者を罵倒する際の常套句に「この、役立たず！」などといった表現があることからもわかるでしょうが、とりわけ「間柄の存在」として人間を捉えてきた日本人にとっては、「役立たず」の烙印を押されることは、社会に生きる場所のない厄介者であるとの宣告を受けたにも等しいことでした。だからこそ、一刻も早くどこかに人様のお役に立てる自分なりの仕事を見つけ出し、「みずから」の立場としての居場所を確保することに日本人は努力を惜しまなかったのです。

ベネディクトの目に日本の文化が「恥の文化」と映ったのは、「役」を果たせないことを「恥」としてきた「侍」の倫理観が、少なからず影響していたのではないかと想像されます。〈やまと言葉〉の「はじ」は、動詞「はず」から派生したものです。「はず」の語源に関しても、諸説存在しますが、「葉っぱが出る」という意味の「葉出（はず）」、あるいは「肌が出る」という意味の「肌出（はず）」が語源であるとする説があるように、本来あるべき場所から外れることで、周囲から目立った状態になることが「恥」と受け止められてきたのだとすれば、日本の文化が「恥の文化」とされたのも、それなりに頷けるような気もします。

精神科医の土居健郎（一九二〇－二〇〇九）は、『甘えの構造』という著書の中で、「集団所属によって否定されることのない自己の独立を保持」できているときに、日本人ははじめて「自分がある」と実感できるといった主旨のことを述べています。しかし、どういうわけで、集団への安定的な帰属が、「自分がある」という実感が獲得されるにあたっての必須条件になってくるのでしょうか。それは、畢竟、こういうことではないだろうかと推測されます。つまり、所属する集団の適所に「個」がはめ込まれることで、「個」の担うべき役割が明確化するとともに、「一隅」としての「個」の「立場」が、社会のうちに揺るぎないかたちで確保されることになるからではないかということです。

このように、各々が立脚点としての自己の「一隅」を社会の中に見出し、その「立場」にあてがわれた「役」以外には目もくれず、ひたすら職務に打ち込むことは、寄る辺ない世界に投げ出された状態のまま、自己のありようを不断に更新しながら生きていくことに比べれば、はるかに易しく、安定した人生の近道ではあるのでしょう。現に、具体的な役割が与えられさえすれば積極的に動けても、好きにしてよいと言われた途端に途方に暮れてしまうといった傾向が、日本人に顕著に見受けられることは否定できないのではないでしょうか。

現実世界のただ中に「みずから」が果たすべき固有の役割を確保することで、安定的に「個」を保って生きていける方途を見出してきたことは、ある意味、日本人のすぐれた生活の知恵として評価されてよいのかも知れません。ですが、他方で、与えられた「役」を忠実に果たすことで「立場」の維持に努めてきた日本人の生真面目さは、「役」を賦与し「立場」を保証してくれる集団ないし組織が宗教的眼を持ち合わせていない場合には、かえって深刻な軋轢を生み出す原因となってきたことも確かでしょう。

有限な人間が世界全体の調和を実現すべく生きようとするところにはたらいているのが「宗教心」です。つまり、全体の調和という理想を思い描いていない集団や組織には、「宗教心」がないとも言えるわけですが、そのような中で、人びとがそれぞれの「役」を果たすことで「立場」を守ろうと奮闘する先に、どんな未来が待ち受けているかは、容易に想像がつくでしょう。私に言わせれば、そのような社会の倫理のありようは、やくざの世界の仁義と、基本的に変わりがないのです。

ある組織内で与えられた「役」を真面目に遂行しようとする人間にとって、何よりも気を使わなくてはならない不文律は、組織内の他者の「役」を犯してはならないということです。ですから、かりに純粋な善意から出た行動であったとしても、他者が果たすべき役割に無闇に口出ししたり、誰かの「役」を肩代わりしたりということは、その人の「立場」を失わせ、組織全体の調和を乱す行為として、厳に慎まなければならないということになる。現代の日本社会でも、役所の縦割り構造や組織の隠蔽体質がしばしばやり玉に挙がりながら、なかなか是正されないのも、他者の「立場」への過剰な配慮が足かせになっているという現実があるからでしょう。

「立場」の維持に汲々とするあまり、あるべき「公」のありようを見ようとしなくなることが、生活世界を成り立たせてきた絶妙な「あわい」を崩壊せしめ、組織の暴走を招く原因となりかねないことは言うまでもありません。とりわけ現代というのは、一人ひとりの行動が、場合によっては世界全体を破滅に導くほどの影響力を及ぼしかねない時代でもある。鎖国をしていても、「おのずから」の世界が循環していさえすれば人びとが暮らしていくことのできた時代ならばいざ知らず、急速にグローバル化が進み、科学技術がかつてないほどの力をもつようになった現代においては、自分が属している組織や社会だけを「公」と見なして生きていくことは、もはや許されなくなってきているのです。

夏草や 兵どもが 夢のあと

これは、江戸時代前期の俳人・松尾芭蕉（一六四四 - 一六九四）が、高台から古戦場を望んで詠んだとされる俳句です。このような俳句を芭蕉が江戸時代に残すことができたのは、どれほど多くの「兵ども」が自己の名誉のため、主君のために命懸けになり、戦場の露と消えたところで、「おのずから」の世界は滅びはしないとの確信が、彼の中にあったからではないでしょうか。

私は、歴史的に蓄積された先人の智慧から何かを学び取ろうとすることは大いに結構なことだし、そうした姿勢は継続的に維持されていく必要があると考えています。そして現に、現代の日本社会には、「侍」の思想に内包される諸価値を「武士道」と称して再評価しようとする動きも、見受けられるようになってきてはいます。

ただ、その際にくれぐれも見落としてはならないのは、「侍」たちの倫理を支える基盤には、つねに無限の理想に開かれた宗教的眼差しがあったということです。つまり、世界全体の「仕合わせ」の成就を願う「宗教心」について深く省みられることがないまま、思想的な上澄みだけを都合よく掬い取るかたちで「武士道」が語られるならば、かえって社会を誤った方向に誘導してしまう可能性も、大いにあり得るということです。

五　身体性に根ざす思想

「命懸け」の戦闘者として生きる中で、もしくは奉公人たる「侍」としての生活の中で培われた死生観を基盤として形成された思想文化が、現代日本人の倫理観にも多大な影響を及ぼしていることについては疑う余地がありません。しかしながら、民俗学者の柳田国男（一八七五－一九六二）によれば、ベネディクトが指摘する「恥の文化」は、江戸時代の日本人の一割にも満たない武士階級の人びとの思想を基盤に形成されたものであって、「尋常人の人生観」に該当するものでは必ずしもない、とされていることも事実なのです。

私も、柳田が呈する疑義には、肯綮（こうけい）を突いているところがあるように思います。「企業戦士」とか「武士道精神」などといった勇ましい言葉が、厳しい状況下にある人びとの心を鼓舞し、勇気を与えるということもないわけではないでしょう。しかし、大半の日本人の日々の暮らしが、仕事を通じて何かを生産することで営まれてきたという事実を無視して日本人の倫理観を語ることには限界があるでしょうし、まして日本人の思想についてのより深遠な理解に達することなど、望むべくもないでしょう。

「死」や「恥」、「公」や「役」などといった概念を基軸に展開される武士の思想は、どうしても観念的で抽象度の高いものとならざるを得ません。もちろん、観念的で抽象度が高い思想は、それとして価値が認められなければならないことも確かで、そのことを私は無下に否定するつもりはありません。けれども、観念的な性格の強い武士の思想とは対照的に、日本人の大多数を占めてきた、より自然や身体性に寄り添った生活を送ってきた人びとの生業の中から生み出された思想——日本人一般に広く見受けられるこうした人生観のことを、柳田は「尋常人の人生観」と呼んでいます——に、むしろ積極的に目を向けてみる必要があるように思われます。

ところで、私は、大学で講義をしたり文章を書いたりということを、日々の生業としています。こうした生業は、私には「仕事をしている」というふうには実感できても、「働いている」と実感されることは、正直、ほとんどありません。

「はたらく」という〈やまと言葉〉は、「はたはた」という擬態語（擬音語）が動詞化したものと見られます。〈やまと言葉〉の特徴の一つに挙げられるのが、擬態語や擬音語の多さです。「はたはた」という擬態語に含まれる「はた」は、「（風に）はためく」と言われる際の「はた」と同じで、「旗」もこれと語源を同じくする言葉です。これらのことから推し量られるのは、人と物とを問わず、物理的に忙しく動き回る様子を描写した〈やまと言葉〉が「はたらく」であって、思想的には、それ以上でも以下でもないということでしょう。

加えて言えば、「かせぐ」という〈やまと言葉〉も、「はたらく」同様、たんに物理的な動きを表す言葉に過ぎません。「かせ」とは、機織機（はたおりき）の中で忙しく動き続ける一部品のことを指しているからです。「かせぐ」という言葉から、すぐさま「お金を儲けること」を連想してしまう人も多いことでしょう。ですが、「距離を稼ぐ」などといった言い方もされるように、「かせ」のように休みなく体を「はたはた」と動かして「はたらく」というのが、この動詞に込められたもともとの意味なのです。

そのように考えてみれば、教室で学生に思いついたことを話すとか、机に向かって文章をひねり出すとかといった営為を、「働いている」と表現するのが躊躇（ためら）われてしまう理由が、自分なりに納得できる気もするのですが、ともあれ、何をするにせよ「こと」が捗(はかど)らないことには仕事にはならないことは言うまでもありません。日々の営みの中で、「はかる」ことが重要な意味をもってくる理由もここにあることは間違いないのですが、そこでなされる仕事には、物質を計測したり計量したりといった肉体労働から計画したり会議に諮ったりといった頭脳労働に至るまで、広範囲な領域がカバーされてくることになるはずです。とは言うものの、人間の仕事の基本をなしてきたのは、やはり肉体を道具として行われる労働、就中(なかんずく)、肉体のうちでも最も繊細に動かすことのできる「手」を用いた「仕事」だったと言えるでしょう。

そのあたりのことは、「手」にまつわる動作や様態を表す言葉が、日本語の語彙の中に数多く含まれることからもうかがえます。「手」は、「て」（「ち」、「つ」）、もしくは「た」と訓読できます。「手伝う」、「手ほどき」、「手心を加える」、「手塩にかける」、「伝手」、「得手」、「不得手」、「手水(ちょうず)」、「上手」、「下手」、「手綱」、「手向ける」、「手繰る」のように、表記上、「手」の字が使われるものは、比較的わかりやすい例です。これら以外にも、表記上「手」の字が使用されないものも含めれば、「助ける」、「企む」、「耕す」、「蓄える」、「頼る」、「頼む」、「ちぎる」など、実に枚挙に暇がないほどです。

このうち、「助ける」に関して言えば、「助」という漢字単独では、通常は「すけ」としか訓読されませんから、「すける」というのが正しい読み方のように感じられます。けれども、日本人は、これを「たすける」と読んできた。このことが示しているのは、「助」という行為が他者に「手」を差し伸べるイメージで捉えてきたということではないしょうか。

日本語がいつどのように誕生したのかについては知る由もありませんが、日本列島に暮らす人びとの生業が、狩猟を中心としたものから稲作を中心とした形態へと変化したことで、かなりの数の「手」に関連した〈やまと言葉〉が生み出されたことだけは確かなようです。稲作が行われる土地のことを「田」と言いますが、これなどは、「手」そのものに由来する言葉にほかなりません。「農」の仕事は、どれだけ土地を開墾するかを綿密に計画したり企画したりして「はか」をとる時点から、すでに始まっているとも言えます。「計画」とか「企画」といった〈漢語〉を〈やまと言葉〉に置き換えるとすれば、「たくらみ」もしくは「くわだて」が適当でしょう。「たくらみ」と言えば、「よからぬはかりごとをする」といった否定的な意味に捉えられがちですが、この語は、元来、人が事を始めるに先立ち、まずは手を組んでじっくりと思案することを意味したのです。

しかしながら、「なさねばならない」のがこの世界の道理である以上、手を組んだままじっとしていてひとりでに「こと」が「なる」ということはあり得ません。いまでこそあまり耳にしませんが、「稲作」は、かつては「田作り」とも言われていました。苗から稲を育て、実った稲を収穫するには、手を使い、体を動かして田（地面）をつくといった動作が、当然、必要となります。具体的には、鍬（くわ）を手に地面を掘り返すという動作が求められてくるわけですが、「企てる」とか「耕す」といった〈やまと言葉〉は、そうした農作業にまつわる人間の動作から生み出されたもの、すなわち、田に鍬を立てることで、「たくらみ」を実行に移し、さらに田に立てた鍬を握る手をかやすといった動作が、これらの動詞の語源であったと考えられるのです。

ただ、農業というのは、一人で自然と向き合ってできるような仕事ではありません。人びとが互いの労働力をたのみにたより合い、手に手をたずさえて、たすけ合うことなしには立ちゆかない重労働でもあるのです。〈やまと言葉〉の「たのむ（頼む／恃む／憑む）」や「たよる（頼る）」

にも、周囲の人間に「伝手（つて）」として力を借りるといった意味があります。この場合の「た」が、「手」のことを意味しているということがわかれば、他人の手に依ることが「たよる」の原義だったことは、案外容易に察しがつくのではないか。それに対して、「たのむ」の原義に関しては、私たち現代人には、やや見えにくいところがあると言えるのかも知れません。

『万葉集』に収められた歌の中に、「ちはやぶる 神の社を のまぬ日はなし」といった言葉が確認されます。「神様の宿る社に祈ることを、一日たりとも欠かしたことはない」といった意味ですが、神に何かを祈ることは、かつては「のむ（祈む）」と表現されていました。このことから、神にも祈る思いで他人に手を差し出し、支援を強く乞う気持ちから生まれたのが、「たのむ（手祈む）」だったのではないかと推測されるのです。

ところで、「たよる」や「たのむ」と似た意味の〈やまと言葉〉に、「すがる（縋る）」があります。「すがる」と「たよる」（もしくは「たのむ」）との間には、「親に縋（すが）って」を「親に頼んで（親を恃んで）」に、「杖に縋って」を「杖を頼んで（杖に頼って）」に、といった具合に、相互に置き換え可能なケースが少なくありません。ですが、たとえば『後撰和歌集』に歌われている「常もなき 夏の草葉に 置く露を いのちとたのむ 蟬のはかなさ」の「いのちとたのむ」を、「いのちとすがる」に置き換えることはできそうにありませんし、「羅針盤に頼って」を「羅針盤に縋って」、「人のなさけに縋って」を「人のなさけに頼って」などの表現に置き換えることも、基本的に不可能でしょう。

「たよる」（「たのむ」）という行為と「すがる」という行為との間に根本的な違いがあるとすれば、その違いはどのあたりに認められるのでしょうか。私は、これらの行為の間の根本的な違いは、「おのずから」の世界への眼差しの有無にあるのではないかと考えます。「縋りつく」といった言い方があるように、「すがる」には、本人にとって思わしくない状況下で、他人の力をあてにして、それに強くしがみつくといった意味があります。別言すれば、主体的な努力を放棄して、自己以外の何かに「みずから」を全面的に預けるといったニュアンスが感じられます。そうした「すがる」のありように対して、草葉のうえの僅かな露を「いのちとたのむ」蟬は、蟬なりに、はかない命を精一杯生きようとしています。

無論、蟬のけなげな努力が実を結ぶかどうかは、まったくもって「おのずから」のはからいに委ねられた問題なのでしょう。だからこそ、蟬のはかない命の「有り難さ」が、いっそう輝きを増して読む者の心に迫ってもくるのでしょうが、要は（「手」を内に含んだ）「たのむ」にあって「すがる」にないのは、「おのずから」と「みずから」の「あわい」に立った生き方ではないかということです。

六　「人道」と「天道」のあわい

仕事に関連した「労働」や「勤労」といった〈漢語〉を〈やまと言葉〉に置き換えた場合、最もしっくりくるのは、「つとめ」でしょう。これはたんなる私の憶測に過ぎませんが、「あなたは「労働者」ですか、「勤労者」ですか、「勤め人」ですか」と質問されたとして、かなりの割合の日本人が「勤め人」と答えるのではないだろうかと想像します。しかしながら、「「労働」と「勤労」と「勤め」との間にどのような違いがあるのですか」と、あらためて問われたとして、ほとんどの人は答えに窮してしまうことでしょう。〈カタカナ語〉の氾濫する現代でも、「しごと」という〈やまと言葉〉がいっこうに廃れる気配がないように、私は多くの人が、「つとめ」という〈やまと言葉〉にも、やはりどこか「労働」や「勤労」などの〈漢語〉にはない独自の語感、血の通った温かみのようなものを、直感的に感じ取ってきたのではないかと思うのです。

平安中期に活躍した清少納言（生没年未詳）の随筆『枕草子』に、「夏はつとめて」という言葉で書き出されている有名な一節があります。「つとめて」というのは、ここでは「早朝」という意味ですが、このことから連想されるのは、朝早くから額に汗し、はたはたと忙しく「はたらく」ことが、「つとむ（つとめる）」の原義だったのではないかということです。「つとむ」には、「勤む」や「務む」以外にも、「努む」や「力む」、「勉む」などの漢字が当てられてきました。こうした事実も、人間の主体的努力全般に通じる営為が、「つとむ」という〈やまと言葉〉によって言い表されてきたことを示唆しているように思われます。

見逃せないのは、「つとむ」という概念の場合も、身体を用いた行為が、太陽が昇って沈むという自然の運行との結びつきの中で捉えられているという点です。動詞「つとむ」と対をなす概念は、「おこたる（怠る）」です。何かが力なくぶらりと下がることを、〈やまと言葉〉で「たれる（垂れる）」とか「だれる」とかと言いますが、朝起きて、太陽が昇っても働かずにだらけている様子のことを、昔の人は「起こ垂る」と表現したのです。

自然を相手に営まれる「尋常人」の暮らしというのは、怠っていてはたちまち立ちゆかなくなることは目に見えています。自然の運行は、人間の都合には合わせてくれません。日の出とともに起床し、「おこたる」ことなく「つとめ」、太陽が高いうちは、極力「暇無さしむ」よう、さまざまなことを「いとなみ」、「はたらく」ことで、いそいそと「いそがしく」、一日一日を暮らし明かす――。「くらし」という〈やまと言葉〉は、そのように自然の運行とともに営まれる「尋常人」の一日の仕事のサイクルを言い表したものにほかならないのです。

「尋常人」としての大地に根を張った生活の中から紡ぎ出され、日本人の間で広く共有されてきた仕事観を、「天道」および「人道」という概念を用いて巧みに語り直した人物に、農政学者として名を馳せた二宮尊徳（一七八七－一八五六）がいます。

ここで「天道」と言われるのは「お天道様」のことで、太陽の別名でもあるのですが、人間の主体的な努力により営まれるところの「人道」は、天然自然のはたらきである「天道」を俟たずしては成り立ち得ないということを、尊徳は『二宮翁夜話』の中で、水車を例にわかりやすく説明してくれています。

――水車を製作したのは人間である。その水車を水路に設置したのも人間である。これらはともに「人道」のはたらきによるものである。しかるに、水車が回転するには、水の力を必要とする。水車というのは、水流という「おのずから」の力、すなわち「天道」を利用して回転する仕組みになっている。そこには、「人道」と「天道」の二つのはたらきが不可欠である。ただ、いくら「天道」なしに水車は動かないと言っても、水にどっぷりと浸かった状態では回転しない。人間が製作して水路に設置した水車が良いあんばいに回転するには、一部分だけが水に浸り、その他の大部分は水の外に出ていなくてはならない。

人間の営為というのは、このように「人道」と「天道」との共働ではじめて成り立つ、ということが巧みな比喩で語られているのですが、こうした発想が、ここまで再三確認してきた、日本人の思想の基層をなす「あわい」の思想に合致するものであることは、あらためて指摘するまでもないでしょう。

農業に関連したものだけに限定しても、人間の「しごと」は「人道」と「天道」の「あわい」にしか成り立たないといった基礎的発想を、身近な日本語表現の中から、さまざまなかたちで掘り起こしてくることが可能です。

たとえば、「雷」がそうです。「雷」は、もとより「人道」とは関係のない自然現象です。しかし、日本人は「雷」を、稲作という人間の営為に欠かすことのできない自然のはたらきと捉えてきたのです。稲作に「雷」が欠かせないと言われても、すぐには合点がいかないかも知れませんが、「雷」は、「かみなり」のほか、「いかづち」とも訓読されます。「かみなり」は「神」がゴロゴロと音を立てて「鳴ること」、もしくは「神」がおのずと「成ること」を、「いかづち」は「厳めしい」の「いか」と、格助詞の「つ」と、「霊」のことを指す「ち」からなる〈やまと言葉〉で、生命の本源となる力のことを意味したようです。そのため、「雷」は不吉でおどろおどろしい「もの」として捉えられてきたのと同時に、万物を包み込み、生かしめてくれる、「神」と同等のはたらきを宿しているとも理解されてきたのでしょう。

「雷」が日本人の間で「雷様」と崇められ、畏敬の対象ともされてきたのは、そうしたことに理由があると考えられます。そのように命の本源でもある「雷」が、「鳴る」ことで生きとし生けるものを「成」らしめると見られてきたのだとすれば、災厄をもたらす、忌むべき存在としてだけではなく、大いなる恵みをもたらす存在としても受け止められてきたというのも、十二分に頷けるのではないでしょうか。

「雷」が、人びとの豊かな生活に欠かせない現象として有り難がられてきたことは、落雷時に放たれる青白い閃光が、「稲妻」と呼ばれたことからも推察されます。

「稲妻」というのは、文字通り「稲の妻」という意味です。大音声とともに空を切り裂く閃光のおどろおどろしさとは、一見、何の関係もないように思える「稲」とか「妻」とかといった言葉が用いられてきたのには、もちろん理由があります。刺身の付け合わせとして相性の良い食べ物のことを「刺身のつま」と言ったりもしますが、「妻」とは、元来、ペアとなるべき相性の良い相手のことを指しました。したがって、男性にとっては女性が「妻」と呼ばれるのに対し、かつては女性にとっては男性が「妻」と呼ばれていたのです。

それにしても、「雷」という自然現象が、なぜ「稲」と相性の良いものとされてきたのでしょうか。答えは明快で、農業に従事してきた人たちは、長年の経験から、雷が落ちるとよく作物が育つことを知っていたからです。雷が落ちて作物がよく育つというのは、迷信でも何でもありません。落雷時の放電により、空気中に含まれる窒素が分解されることで、稲をはじめとした農作物は、通常であれば養分として地中からしか取り込めなかった窒素を、大気中からも取り込めるようになるので、結果的によく育ったのです。

ただ、雷というのは、あくまでも純粋な自然現象です。そうである以上、作物がよく実り、人びとの豊かな生活が実現されるには、まずは人間にできる範囲の「こと」をしっかりと「はかり」、「企み」、「企て」、「耕す」といった「人道」が尽くされることが何より肝心で、そのうえで恵みの雨を頼みにしたり、落雷を期待するなどして、「おのずから」の「天道」のはたらきを俟つほかなかったということです。

七　「祀り」と「鎮め」

日本における総就業人口に占める農業就業者の割合は、近代化の進展と歩調を合わせるように減少の一途をたどり、現在では三％にも満たないそうです。それでも、かつては八割以上を占めていた農業従事者が直に自然と向き合う生活の中から獲得された知恵の多くは、日本語表現の随所に確認することができますし、日本語に蓄積されてきた知恵に照らし合わすかたちで、人間が生きるとはどういうことか、はたらくとは何なのかなどということについていまいちど存在の足許から問い直してみることは、グローバル化の進んだ現代にあっては、とりわけ示唆に富む作業となるでしょう。

農業従事者が向き合わなくてはならない自然のサイクルは、人間のライフ・サイクルとは、当然、スケールが異なります。したがって、環境に大きく左右される「農」の仕事では、人の一生をはるかに超えた、何世代先までも見据えた長期的な展望をもつことが重要になってきます。「たわけ者」という言い方がされます。これなども、稲作を中心とした、長期的な展望に立つことが求められる農業の仕事に従事してきた人びとの経験から生まれた表現の一つです。子々孫々のことまで深く思慮せずに、子どもたちにみだりに田畑を分け与えてしまったために農家が衰退し、仕事が立ちゆかなくなった、深謀遠慮を欠く人のことを「たわけ（田分け）者」と言ったのです。
私の目には、現代人が「しごと」と称して行っている活動の中には、「たわけ」と非難されても致し方ない、深謀遠慮を欠き、生活環境を破壊しかねないようなものも、少なくないように映ります。そうした人間の行いは、「宗教心」の観点からすれば、まさに「してはならない」ことなのです。

「罪」というのは、倫理的に良くないとされる人間の行為のことを指しますが、民俗学者の折口信夫（しのぶ）（一八八七－一九五三）によれば、もともと「罪」は「あまつつみ」と言われていたそうです。「あまつつみ」は、漢字で書けば「雨障」です。これは、農業従事者が梅雨の時期に忌み籠ることを意味したらしいのですが、アマテラスが高天の原でのスサノオの暴挙に心を痛め、岩戸に籠もったことで、闇が「天」（高天の原）と「地」（葦原中国）とを包み込んだとされる「岩戸隠れ」神話と混じり合うかたちで、「天つ罪」と解釈されるようになったというのが、折口の説です。

アマテラスは、「天照」と漢字表記されてきました。このことは、アマテラスが太陽を象徴する神であることを示しているのですが、それが一時的に姿を隠したというのは、皆既日食が起こったことで大いに人びとを慌てさせた、ということが容易に想像されます。束の間のことだったとは言え、農耕を生業として暮らしてきた人びとにとって、それがどれほど衝撃的な出来事だったかは、察するに余りあります。「おのずから」の恵みをもたらしてくれる太陽なしには、どんな暮らしも成り立ちません。そう考えれば、「高天の原」でなしたスサノオの行為が、「おのずから」と「みずから」の「あわい」の中で暮らしを営んできた人びとにとって、重大な「障（さわり）」となる、由々しき「罪」として受け止められたのは、当然のことだったと言えます。

それでも、岩戸隠れの場合には、はっきりとした因果関係を見通すことができたために、八百万の神々にはまだ対処のしようがあったわけです。しかしながら、天変地異などの事態が生じた場合には、何がそのことを引き起こし、それにどう対処すればよいのか、皆目見当もつかないことの方が、現実にははるかに多いでしょう。とは言え、どんな出来事も何の理由もなく起こることがないのも確かで、日本人は、因果の見通せない非常事態の発現を、しばしば神々の「たたり（祟り）」のせいだと解釈してきたのです。

「たたり」というのは、動詞「たつ」に関連した概念です。日本人にとって、神は、普段はおとなしく座していて、人びとの生活を見守り、幸いをもたらしてくれる有り難い存在なのですが、何かの拍子に突然立ち上がり、災いをもたらす「もの神」に変貌することがある。そのように、それまで鎮まった状態で座していた神が、突然、立ち上がったり起き上がったりして「たたり」、「もの」としての本質を露わにすることを、日本人は非常に恐れてきたのです。「触らぬ神に祟りなし」というのも、「神」に対するそのような日本人の見方を背景に生まれた諺であったと考えられます。

「たたり」という現象そのものは、「もの」としての神の「いかり」の表出とも解釈できます。「いかり」という〈やまと言葉〉の語源は、機嫌を損ねて、普段とは違う厳めしい態度を示すことにあったと見られます。「いかり肩」とか「船の碇」などと言われるのも、そのような「いかり」のもつ厳めしさに通じるところがあるからでしょう。「いかり」の動詞形は「いかる」で、漢字混じりに表記すれば「怒る」です。この場合には、「おこる」と訓読することも可能ですが、そのことからどうしても連想されてくるのは、動詞「起こる」との結びつきでしょう。つまり、それまで座るか横になるかした状態で鎮まっていた何かが、あることをきっかけに立ち上がったり起き上がったりすることが「怒り」の原義であって、その場合には「たたり」の概念と明らかに重なり合ってくるということです。

「怒る」ことを「腹が立つ」と表現してきた理由も、そのことと無関係ではなさそうです。「腹が立つ」のは「腹に据えかねる」からですが、それまで腹の中におとなしく据えられていた何かが不意に立ち上り、疼き出すことは、「立腹」とも言われます。人間の場合でも、ひとたび怒りがこみ上げてくると、それを本人の努力で鎮めるのは困難で、基本的に「怒り」が鎮まるのを待つほかありません。のみならず、怒っている人に対して周囲の人間にできることも限られていて、せいぜいのところ宥め賺すとか、余計な刺激を与えないようにするのが、関の山でしょう。

神が祟った場合にも、これと同じことが言えます。有限である人間には、神の怒りそのものには、直接には何の手出しもできません。そうは言っても、早く怒りを鎮めてもらわないことには、暮らしが立ちゆかなくなってしまう。そこで、日本人が力を入れて取り組んできたのが、神々を「まつる（祭る／祀る／奉る）」という行為だったのです。

「まつる」という〈やまと言葉〉は、「合う」ことを意味する動詞「まつ（合つ／交つ）」から派生したものと考えられます。身体に寄り添わせて順わせるといった意味の「まつろう（纏ろう）」や「まとう（纏う）」なども「まつる」の関連語と見られますが、これらの動詞に共通しているのは、はたらきをなす主体と、はたらきかけを受ける客体との間に、「まつ」関係が想定されているという点です。要するに、「まつる」という行為を通じて神々の怒りを鎮め、「おのずから」と「みずから」の「あわい」が早期に回復されんことを願うのが、「まつる」という行為の原点だったということです。

しかしながら、深刻な災禍に見舞われたあとで、慌てて神々を祀り、祟りを鎮めようとしたのでは、それこそ「あとのまつり」で、遅きに失していると言わざるを得ません。そのため日本人は、常日頃から神々に祟られないことを願い、季節ごとの祭など、さまざまなかたちの祭祀を発達させてきたと考えられるのです。

八　「工」の技

「農」に関係した仕事が、「おのずから」の力を借りずしては成り立ち得ないということに関しては、多くの人に同異してもらえるでしょうが、同じことは、工業製品を生産する職人の仕事においても当てはまるのでしょうか。

職人の中でも、技術的に特に秀でた人は、「たくみ」と称されます。その場合には通常、「匠」とか「工」といった漢字が用いられますが、「逞しい」とか「巧みだ」というのも、これと語源を共有する言葉です。

どっしりと手を組んで構え、物事をよく思案する様子が、「たくらむ」という動詞の語源だということについては述べました。それに対して、「逞しい」と言われる人は、前もって物事をよく思案してから行動に移すために、少々のことでは動じることがない人のことを指したのです。「巧みだ」という形容動詞も、手を組む動作に関係していることは明らかです。「た」は「手」、「くみ」は動詞「組む」が名詞化したものです。このことからも、「たくみ」という〈やまと言葉〉が、人の手の動きを複雑に組み合わせることで何かを作り出すことに長けた人、卓越した手腕を発揮する人といった意味で用いられてきた理由がわかるでしょう。

「匠」と称されるには、卓越した技術が求められてきます。「技術」という〈漢語〉は、〈やまと言葉〉では「わざ」と言われます。しかし、「わざ」というのは、「態とらしい」と言われるときの「態」、「奴の仕業だ」などと言われるときの「業」でもあるのです。そうしたこともあって、「工」（職人）の仕事というのは、もっぱら人為的に何かをなすことで成立するもので、農業のように自然のはたらきを俟つ必要は、一切ないように思われるかも知れません。

けれども、「工」の仕事の基本は、あくまでも「ものづくり」です。つまり、かたち以前の「もの」に向き合いつつなされる仕事であるという点で言えば、「技」を駆使した職人（「工」）の仕事にしても、「おのずから」のはたらきと無関係に成り立つようなものでは断じてないと言うべきなのです。

思想家の柳宗悦（一八八九－一九六一）は、著書『雑器の美』の中で、庶民の暮らしに密着した工芸品を「民芸」と呼び、「民芸」を生み出してきた職人たちの営みに、宗教的な眼差しが不可欠だったことを強調しています。柳によれば、「民芸」の作り手には、これは自分の作品であるとか、作品を通じて自己を表現したいなどといった意識など微塵もなく、ただひたすらに無心の境地で、「みずから」の手の動きに身を委ね切ることで、作品がおのずと姿を現すのを待つというのが、仕事に向き合う彼らに共通した姿勢だったとされます。

柳が持論を展開する中で着目していることの一つに、「上手もの」と称される美術工芸品には制作者の名が刻まれるのとは違い、「民芸」としての雑器が「下手もの」と呼ばれ、決して作者の名が刻まれることはないということがあります。「民芸」にあっては、「個」が主張されないばかりか、逆に寡黙であることに美徳が見出されてきた理由を、柳は「民芸」に求められた価値が、もっぱら暮らしの実用に耐え得る頑健さにあったという点に見ています。つまり、日々の実用性とは関係のない過度な装飾性は、「民芸」においては無縁のものだったとされるのですが、そのうえで彼は、「下手もの」を製作し続けてきた名もなき職工たちが仕事に打ち込む、謙虚で一途な姿勢に、「南無阿弥陀仏」を無心に称えることで、「みずから」の心におのずと仏が現れるのを待つ念仏者の姿を重ね見るのです。

　ここで特に注目されるのは、個性を主張することなくひたむきに仕事に打ち込んできた「民芸」の制作者たちの姿勢に、柳が、この国の庶民の際立った性格を見て取っているという点です。取り立てて言うほどの目立った特徴もなく、何らの自己主張もしない人が、何もしていない人かと言えば、そうではないでしょう。柳は、日本の庶民の性向を、華美で奇を衒（てら）ったものを嫌うという点に指摘しています。こうした庶民感覚を生み出してきた背景には、「個」を過度に際立たせることが「みずから」の偏重へとつながり、世界との「あわい」を台無しにしてしまうことへの強い警戒心がはたらいているように、私には思われます。

　そのような「あわい」の思想が日本人一般に共有されてきたことに加えて、「工」の仕事の世界には、徒弟制度なるものが存在してきたことも見逃せません。徒弟制度が果たしてきた役割には、職人たちがそれぞれに「技」を磨き、その「技」を後世に伝えていくうえで、きわめて大きなものがありました。言い換えれば、多くの名もなき職人たちに担われてきた「ものづくり」の仕事は、優れた技術を後世に伝えていくのに欠かすことのできない「人づくり」の仕事でもあったということです。

多くの人手を要する「農」の仕事に、協調性が求められることは言うまでもありません。それに対して、「工」の仕事にも、「人づくり」という側面がある以上、最低限の協調性は必要とされたに違いないのです。ただ、「工」の仕事は、「農」の仕事に比べて、「もの」と直接に向き合い、「みずから」を「もの」に没入させていく性格が強いことは確かでしょう。そのため、少々の堅物であっても、職人として優れた仕事を残すことができたのではないかと考えられます。

「職人気質」というのは、真面目ではあるけれども寡黙で頑固で付き合いにくい、やや癖のある性格のことを言い表した言葉ですが、決して悪い意味では使われてきませんでした。むしろそれくらい癖のある人間でなければ、特定の分野で秀でた能力を発揮するのは難しいといったことは、日本人の間で広く受け容れられてきた了解事項だと言っても過言ではないでしょう。

日本の「ものづくり」は、いまでも世界から高い評価を受けています。そうした技術力を下支えしてきたのは、日々「もの」に向き合い「こと」を生み出すという、「宗教心」なしには成り立ち得ない、日本人ならではの仕事観、職業倫理だったというのが、私の理解です。

九 「商」の倫理

工業従事者の仕事観の基底にも、そのようなかたちで「おのずから」に向き合う姿勢を見出すことができるのでしょうが、商業従事者というのは、「みずから」の身体や手を用いて「もの」にはたらきかけることで何かを生産するということはせず、もっぱら第一次産業、第二次産業の従事者が生産した物品を流通させることを仕事としてきました。直接に自然と対峙することのない「商」の仕事においては、したがって、自己が「おのずから」の世界に生かされてあるといった「宗教心」を掻き立てられることは、ほとんどないように思われるかも知れません。しからばいったい彼らの間では、どのような仕事観、職業倫理が共有されてきたと言えるのでしょうか。

たとえば、ここに二人の商業従事者がいるとして、彼らに「商業とはどんな仕事ですか」といった質問をしたとします。このシンプルな質問に、一人（Aさん）は、次のように答えます。

「商業とは、商人の売買により成り立つ仕事である。」

それに対し、もう一人（Bさん）の答えはこうです。

「商業とは、商人の売り買いにより成り立つ仕事である。」

言わんとしていることは、AさんもBさんも変わりありません。二人とも決して間違ったことを言っているわけではない。にもかかわらず、私は、「商人」、「売買」といった〈漢語〉を交えて答えたAさんよりは、「商人」、「売り買い」といった〈やまと言葉〉を使って答えたBさんの方に、「商」を生業とする人間として、どことなく好印象を抱いてしまうのです。

四季のあるこの国では、人びとは季節の移り変わりをつねに肌身で感じつつ生活してきました。「春夏秋冬」は、音読みすれば「しゅんかしゅうとう」です。しかし、そのように読んでいるうちは、私たちの皮膚感覚は、喚起されにくいことでしょう。身体感覚の次元から、日本人の倫理観をいまいちど洗い直したいのであれば、ここは是非とも「はるなつあきふゆ」と、訓読みしてみる必要があるように思われます。

「ふゆ」には、「冷（ひ）ゆ」、「振るう」、「震う」など、寒さにともなう身体反応に関連した動詞を語源とするという説のほか、動物が子どもを産むという意味の「殖（ふ）ゆ」を語源とするという説など、語源説としては諸説あります。寒さの厳しい冬には、人間をはじめ、多くの生き物たちの活動が鈍化します。けれどもそのことは、見方を変えれば、最小限に活動を抑えることで、新しい生命を生み育むためのエネルギーを蓄える、貴重な準備期間であるとも言えますし、人間に限って言えば、厳しい寒さの中で体を振るわせながら、その年のうちになすべきことをすべてし果たし、新たな年の生産活動を開始するための準備期間であるとも言えるでしょう。

「はる」は、冬の寒さが緩んで、曇りがちだった空が「晴（は）る」季節、また、冬の間の寒さに耐えてエネルギーを蓄えてきた草木が一斉に芽を「張る」季節で、至るところに生命の息吹を感じることができる、目覚めの時期でもあります。

「なつ」の語源を巡っても、「暑（あつ）」や「熱（ねつ）」が転じたとする説や、「生（な）る」が転じたとする説など諸説あって、はっきりしたことはわかりません。が、いずれにせよ、太陽の光をたっぷり浴びた動植物の多くが成長を遂げる季節であることだけは確かでしょう。そして、夏の暑さが和らいでくると、やがて実りの季節、収穫の季節を迎えることになります。

「あき」は、春に植えて熟れ実った穀物などが収穫期を迎える季節ですが、同時に、稲などを刈り取った後の田畑に「空き」が目立つようになる季節でもあります。そのことは、翻せば、一年のうちでも飽きるほど食べ物に恵まれる季節であることを意味してもいます。さらに言えば、さまざまな物品の「売買」が一年のうちで最も活発に行われ、「商人」たちの多くが書き入れ時を迎えるのも、この季節です。

訓読みでは、「売買」は「うりかい」、「商人」は「あきんど」です。このことから推し量られるのは、秋に「あきんど」たちが盛んに「うりかい」を行うことで成立したのが、「あきない」の仕事だと認識されていたのではないかということです。そもそも、「うる」とは、秋に野山や田畑で「熟れ」た作物を「得る」こと、「かう」とは、収穫された作物を、別の物品と「換う」ことで、さまざまなものが行き「交う」ことを意味したのです。このように、「秋」に得られる自然の恵みを、人びとのもとに「空き」を「綯う」かの如く、隅々にまで行き渡らせる行為が、「あきない」の語源であり、その仕事を生業としていた人たちが、「あきんど」と呼ばれたと考えられるのです。

そのように考えてみれば、「商」の仕事にしても、「おのずから」に依拠せずしては成り立たないところがあることがわかるはずなのですが、それでもなお多くの人が「商」の仕事に携わる人びとを、どこか私利私欲に動かされて「利益」の追求に貪欲な人たちだといった、差別的な目で見てきたということは否めないのではないでしょうか。「商売上手」とか「商売人が」などの言い回しに、商業従事者に対する蔑みが含まれていないと言えば、嘘になるでしょう。それは、「商売」という〈漢語〉自体に否定的な意味があるためではありません。私は、日本人の間で「商売」とか「商売人」とかいった言葉がいくらか否定的な意味合いで使われてきたのは、「商」も「売」も、日本人の生活実感の中から紡ぎ出された概念ではないために、勝手なイメージでこれらの語が受け止められてきたところに理由があるのではないかと見ています。

「利益」を追求するというのは、人間にとってそれほど疚しいことなのでしょうか。少なくとも、近代以前の日本人にとっては、「利益」という言葉は、否定的な意味をもつものではありませんでした。「利益」は、「りえき」とも「りやく」とも音読みすることが可能です。もっとも、現代では、「りえき」と読まれることの方が圧倒的に多いのでしょうが、「りえき」というのは、基本的に“profit”の訳語（〈新漢語〉）に対する読み方であるとして差し支えないでしょう。“profit”というのは、現代の日本人に顕著に見受けられる「前のめり」の姿勢とも合致する概念です。しかし、大概の人は、“profit”なる英単語がどういった思想を背景に生まれたものなのかまでは、「商売」という〈漢語〉がそうであるように、実はよくはわかっていないのです。そのため、「りえき」という言葉も、日本人にとっては、どこか浮わついたものになってしまっているというのが、本当のところなのではないでしょうか。

一方の「りやく」という読みは、近代以前から使われてきた仏教語に由来しています。他者を「利益する」というのは、仏教者にとって第一目的とも言うべき宗教上な大事な努めでもあるのですが、これは自己を犠牲にして他者のために尽すという意味ではありません。仏教で「利益する」と言われるときには、自己の「利」と他者の「利」とが両立するように最大限配慮すること、換言すれば、どこまでも「自利利他共利」ないし「自利利他円満」の理想の実現を目指すものでなければならないのです。そうであるなら、長い時間をかけて生活の隅々にまで仏教の思想が根を下ろしてきたこの国においては、「あきない」が生み出す「利」もまた、「自利利他円満」の理想の実現と決して無関係なものではなかったはずです。

とは言うものの、直接に「ものづくり」の仕事には関わらない商業の従事者たちが、蔑みの対象となることも少なくなかったようで、そのことが「商売」という言葉がいまだに良くない印象を払拭し切れていない遠因となっていることは、否めないようにも思われます。

江戸時代中期の思想家に石田梅岩（ばいがん）（一六八五－一七四四）という人物がいます。彼の「勤勉」、「正直」、「倹約」に基づく彼の実践哲学は、「石門（せきもん）心学」と呼ばれ、この時代の商人の経営倫理思想として全国各地に普及していきました。江戸時代の商人たちは、自分たちが携わる仕事の意義を再確認させてくれ、誇りをもって「商」の道に専念することを可能にしてくれるような足腰の強い思想の出現を強く待ち望んでいたのです。

石田梅岩に、「実の商人は先も立ち、我も立つことを思うなり」という有名な言葉があります。「石門心学」は、仏教をはじめとした諸宗教の思想的要素を取り込んで生み出されたと言われていますが、こうした言葉一つとってみても、「自利利他共利」、「自利利他円満」を理想としてきた仏教思想に通じるものがあることは明らかです。要するに、時間をかけて血肉化され、日本人の間で広く受け容れられてきた諸宗教の発想と結びつけられたかたちで「商」の道が説かれたことによって、商人たちは、強欲に「利」を貪る人たちであるといった理不尽な蔑みから晴れて解放され、「商」の仕事に誇りと自信をもって打ち込めるようになっていたということです。

商業がこの国で急速な発展を遂げるのは、一六世紀の末頃からです。商業の発展の中心地となったのは、大坂（大阪）でした。現在でも、大阪は日本を代表する商業都市として知られています。しかし、それ以前は、中世の末期に約半世紀間、浄土真宗の本山として石山本願寺という巨大な寺がこの地に置かれたことから、門前町として栄えていた宗教都市だったのです。

石山本願寺が、一〇年に及ぶ激しい抗争の末、織田信長（一五三四－一五八二）の軍事力に屈して明け渡しを余儀なくされたのが一五八〇年のことで、その跡地に豊臣秀吉（一五三七－一五八二）によって築かれたのが大坂城です。以後、大坂は「天下の台所」とまで称される商業都市として飛躍的な発展を遂げていくことになるのですが、その中心的な担い手となった商人たちは、石山本願寺が大坂の地に置かれていた時代から、特に浄土真宗の信仰の篤かった門徒たちでした。

現在の大阪市の中心は、南北を「御堂筋（みどうすじ）」と呼ばれる大通りに貫かれています。一六世紀の末に本願寺が再び京都に移された後、大坂の地にとり残されるかたちとなった真宗門徒らは、自分たちのための集会場として、北御堂（きたみどう）と南御堂（みなみみどう）の二つの「御堂」を建設しました。「御堂筋」という名称は、これら南北二御堂を繋ぐ道であったことに由来しています。

南北御堂の周辺を拠点に商売をはじめた真宗門徒の多くは、近江国（滋賀県）の出身者だったと言われています。国のど真ん中に日本最大の湖である琵琶湖を抱えた近江国は、古代より陸上交通の要衝として商業が盛んな土地柄だったことに加え、中世後期以降は、全国でも指折りの真宗地帯でもあったのです。

ドイツの社会学者のマックス・ウエーバー（一八六四－一九二〇）は、『プロテスタンティズムの倫理と資本主義の精神』の中で、ヨーロッパで資本主義が誕生した背景に、キリスト教のプロテスタンティズムの精神があったことを明らかにしています。商業の発展に宗教的眼差しが不可欠だったというのは、日本の場合も例外ではなかったのです。

いまでも大阪の商業従事者は、「あきんど」という〈やまと言葉〉には強い愛着があるようです。私としては、そこにどうしても「宗教心」に裏打ちされた大阪商人の職業倫理、仕事人としての矜持のようなものを見ないではいられません。

十　「老舗」の倫理

仕事をめぐる商業従事者の倫理観は、「うりかい」や「あきない」などの〈やまと言葉〉のほかにも、商売にまつわる日本語表現の端々に確認することができます。

大阪の商人たちの間で交わされてきたコテコテの関西弁の挨拶言葉に、「儲かりまっか」というのがあります。どれだけ「宗教心」に篤くても、仕事をして食べていくことができないようでは話になりません。ですから、大阪の商人たちも、儲からない商売はしたくないというのが本音でしょうし、それ以前に、食べていけないような仕事は、日本語の倫理の観点からしても「してはいけない」し、「してはならない」のです。

大阪の商人たちの間で交わされる、このべたな挨拶言葉に、どのような微妙なニュアンスが含まれているのかまでは、私には、正直、よくわかりません。ですが、日本人一般の感覚からすれば、「儲かる」という言葉が、開口一番飛び出してくるというのは、いくら商売を生業にしている人たちとは言え、さすがに露骨すぎるのではといった違和感が拭えないのではないでしょうか。

しかしながら、いまいちどこの言葉の原義に立ち戻ってその意味を捉え直すなら、「儲かりまっか」という挨拶言葉に違和感を覚えてしまう私たちの言語感覚の方に、むしろ問題があることがわかるでしょう。なぜかと言えば、「もうけ」は「まうけ（間受け）」が音変化したもので、「子どもを儲ける」とか「市場を設ける」といった言い方などにもその名残が見られるように、「前もって用意をしておく」というのが、もともとの意味だったからです。

旅の便宜のために、あらかじめ馬や食料が用意してある場所のことを〈やまと言葉〉で「牧（まき）場（ば）」と言いますが、「牧」の「ま」は、もともと「間受（まう）け」の「間」に通じる概念だったようです。「まうけ」に関して言えば、『源氏物語』（「桐壺」）の中に、「疑いなきまうけのきみ」という言い方が出てきます。「まうけのきみ」とは、「間」を受ける君、すなわち「将来、必ず天皇になる人」、「次の天皇としてあらかじめ用意されている皇子」のことを指すわけですから、そこに否定的な意味などまったく含まれていないことは言うまでもありません。

以上のことから判断すれば、「もうけ」の概念には、自分がしたことが、いずれは見知らぬ他者を利することにつながるのだということが、どこかに理念として保持されていなくてはならない。別言すれば、「みずから」が「もうけ」を追求すればするほど世界全体も豊かになるといった仏教的な「利益（りやく）」の発想、「自利利他共利」の宗教的理想に結びつくものが見据えられていたと理解できるということです。

商人たちが担ってきたのは、一言で言えば、物品の流通を介して人と人とを繋ぎ、自他を利するという仕事です。そうである以上、明らかに「自利利他円満」の理想に合わない、「くだらない」物品は流通させないということが、最低限守られるべき職業倫理として、つねに意識されてくることになるはずです。そもそも「下らない」というのは、もとをたどれば、関西から東海道を下って流通することのない粗悪品のことを指す表現だったのです。

ただ、「下らない」商品を流通させないようにするには、心掛けだけでは不十分で、「商」の仕事をとおして広く社会に貢献していくためにも、価値のある商品とそうでないものを的確に見極められる鑑識眼を養うことが必要になってきます。物品の良し悪しを見極める行為のことを意味する〈やまと言葉〉に、「品定め」があります。「しな」というのは、「品」以外にも、「科」や「階」、「級」等々の漢字が当てられてきたことからもわかるように、ごつごつとしていて、周囲とはっきりと見分けがつく場所のことを指しました。起伏に富んだ地形を有し、日本の屋根とも称される信州（長野県）が、「信濃国」と呼ばれてきたのも、そうした理由からです。

ともあれ、的確に「品定め」できる目利きであるためにも、欠かせないのは、やはり「宗教心」をもつことでしょう。「品定め」を行うには、背後に広がる時間的・空間的な関係性も含めて、商品と向き合うことが求められてくるからです。そうした全体世界への眼差しなくして、「下らない」ものを世の中に流通させないといった、「商」の仕事に携わる人びとの高い倫理性が保たれてきたとは、私には、到底思われません。

自然の「おのずから」のはたらきを利用しながらも、「おのずから」の世界の循環を壊さないということが、日本人に共通する「仕事」の倫理の基盤をなしてきたということは疑う余地がありません。ただ、「商」の仕事においては、多くの場合、物品の流通を通じて「客」である人間と向き合わなければならないというところに、その特色を指摘し得るでしょう。もっとも、広い意味では、「客」も身体性を有する自然の一部ではあるわけです。したがって、できるだけ長く商売を続けて社会を「利益」することに努めたいと願うのであれば、「客」との関係を破綻させないことにも、細心の注意が払われる必要があるのです。

「客」との関係に配慮した「商」の倫理のありようは、たとえば、「しにせ」という〈やまと言葉〉にも明瞭に見て取れます。通常、「しにせ」は「老舗」と漢字表記されます。これは、古くから続いてきた店舗という意味を汲んだ当て字に過ぎないのですが、「老舗」という言葉から多くの人が思い浮かべるのは、最低でも、一〇〇年かそれ以上は暖簾（のれん）を掲げてきたような企業や商店でしょう。京都などの古い「老舗」ともなれば、一五世紀後半に起こった「応仁の乱」以前から暖簾を受け継いでいる企業や商店も少なくありません。ちなみに、日本で最も古い老舗は、大阪の天王寺区にある、社寺建築を請け負う「金剛組」で、一四〇〇年以上も続いてきた企業です。

企業の寿命というのは、四半世紀ほど前までは、三〇年程度だと見積もられていました。それがいまでは、三〇年よりもずっと短くなって、五年とまで言われるようになっています。そのように、めまぐるしく変化する、一寸先すらも見通せない社会の状況下で、何百年も暖簾を守り続けてきた企業や商店が存在するというのは、驚き以外の何ものでもないと感じられるかも知れません。けれども、老舗の商売のありようを冷静に分析すれば、そこにはそれなりに理に適った思想ないし哲学が存在していることも確かなのです。

「しにせ」というのは、「しにせる」という動詞から派生した名詞で、「し」は仕事の「仕」、「にせ」は「似せる」という意味です。主体的に何かに関わり、「する」ことなしに成り立たないのが、私たちの日常です。かと言って、具体的にどうすれば自他ともに満足し得る仕事ができるのか、はたまた外の世界との「あわい」を保ちつつ、長く商売を続けていける秘訣は何なのかについて、短い人生の中で明確な答えを見つけ出すことは、現実には至難の業とも言えるでしょう。

試行錯誤を繰り返すことは、有限な人間が不確実な現実を生きていくうえで大事な構えであるに違いありません。しかしながら、暖簾を守って長く商売を続けていかなければならない「商」

の仕事の場合には、失敗が即廃業につながりかねないのも事実で、そうした難題に手っ取り早くしかも堅実な答えを見出す方法があるとすれば、うまくいった前例を踏襲するに越したことはないでしょう。「仕似せる」とは、まさにそうしたやり方を指した言葉にほかならないのです。

余談になりますが、五七八年創業の老舗中の老舗である「金剛組」は、バブル期に購入した土地価格の下落などで約四〇億円の負債を抱え、二〇〇六年にいちど倒産の憂き目を見ています。「しにせ」の知恵に、本業とは関係のない事業に手を出せなどといったことが含まれていないことは言うまでもないでしょう。

そのように、先人のやり方に倣い、人と人との関係を壊さぬよう、細心の注意が払われてきた老舗の商売で大切にされてきたのは、厳密に言えば、「客」でも「カスタマー」でもなかったはずです。

「客（きゃく）」というのは〈漢語〉ですが、「客人」と書いて訓読みすれば、「まろうど」もしくは「まれびと」です。これらの〈やまと言葉〉の背後に透けて見えるのは、「まれ」にしかやってくることのない「人（うど）」という意味ですが、商人にとって大切な「客人」を、滅多なことではやってこない存在として、感謝の気持ちで有り難く迎え入れ、かしこまり、もてなす心がないならば、長く商売を続けることなど、望むべくもないでしょう。

現在の日本に、数百年単位の長期的な展望に立ち、「先も立ち、我も立つ」、「自利利他円満」の理想の実現を目指して経営にあたっている企業や商店が、はたしてどれくらい存在するでしょうか。現代の風潮では、多くの人が、厳しい競争社会で生き残っていくには、何よりも利潤を増やして、業績を右肩上がりに保ち続けることが肝心だと信じ込まされているのではないでしょうか。

ところが、この国の経済を四〇〇年以上も牽引してきた大阪の「あきんど」たちは、「儲かりまっか」と声を掛けられ、「ぼちぼちです」と答えるのです。そこには、儲かるにしても、ほどほどでなければ「先も立ち、我も立つ」世界の「あわい」が壊れてしまうといった古くからの日本人の知恵に根差した倫理観が、無意識下にではあっても、息づいていることは間違いないでしょう。

第五章　憂き世を浮き世に

一　煩悶憂苦からの脱却

歴史小説家の司馬遼太郎（一九二三－一九九六）は「雑貨屋の帝国主義」の中で、明治維新から明治三八（一九〇五）年に日露戦争が勃発するまでの日本近代の黎明期を、輝かしい時代だったとする一方で、その後の四〇年間、つまり日露戦争から昭和二〇（一九四五）年の第二次世界大戦終結までを、「鬼胎の四〇年」と呼び、暗黒の時代であったと評しています。

日本思想の古層をなす「なる」原理に、日本人の無責任さの元凶を指摘した丸山眞男の場合もそうでしたが、戦後の日本を代表する二人の知の巨人たちが、幕末以降に経験した激動の時代を経て戦争の時代が準備されることになったと見ているあたりは、私自身も、事実認識として異論のないところです。

近代以降の変化の過程で急速に失われていったものがあるとすれば、それはいったい何だったのでしょうか。少なくともそのことが、開国後に堰を切って流入してきた西欧的な価値観への対応を迫られた結果として起こったということは、論を俟たないでしょう。いずれにせよ、日本人をとりまく時代状況の激変が、それまで比較的安定的に推移してきた「個」と社会との関係を基底から揺るがし、深刻な亀裂を生じさせる要因となったことは否めないように思われます。

　近代の日本人の中でも、社会的状況の劇的な変化の影響をもろに受けるかたちとなったのが、明治期以降に公教育を施され、明治の中期から後期にかけて思春期を迎えた世代の人たちでした。一高生・藤村操（一八八六年生まれ）の投身自殺は、まさにこの時代に日本人が直面させられた煩悶状況を象徴する出来事だったわけですが、近代国家を背負って立つことを期待されていたエリート青年の自殺は、彼よりも一九才年上だった夏目漱石（一八六七年生まれ）が、後年、神経衰弱に陥る遠因となったとも言われています。実際に、漱石は講師として一高の教壇に立って藤村の英語の授業を担当しており、教室で藤村を叱責したことが自殺の引き金になったのではないかとの自責の念に駆られたようですが、漱石もまた、帝大（東大）の英文科を首席で卒業するような時代の寵児だったのです。つまり、むき出しの「個」として、無防備なまま社会に投げ出されて生きていくことを強いられた近代のスーパーエリートとして、西欧から流入してきた近代知と日本の伝統知との矛盾にどう向き合えばよいのかという課題を、彼ほど意識的に引き受けなければならなかった日本人は、そうはいなかっただろうということです。

　煩悶の時代のさなかで経験した、自己の確立をめぐる格闘の末に行き着いた漱石自身の心境は、彼の晩年の宗教的境地が示されているとされる「則天去私（そくてんきょし）」の思想や、亡くなる二年前に「私の個人主義」と題して行われた講演などにもうかがうことができます。

　このうち、「則天去私」の思想に関しては、漱石の門人で娘婿でもあった松岡譲（一八九一－

一九六九）が著した『漱石先生』という本の中に、次のような記述を見ることができます。

……漸く自分も此頃一つのそういった境地に出た。『則天去私』と自分ではよんで居るのだが、他の人がもっと外の言葉で言い現わしても居るだろう。つまり普通自分自分という所謂小我の私を去ってもっと大きな謂わば普遍的な大我の命ずるままに自分をまかせるといったような事なんだが、そう言葉で言ってしまったんでは尽くせない気がする。

夏目漱石が晩年に到達したとされる「則天去私」の境地は、本書で繰り返し確認してきた、「おのずから」と「みずから」の「あわい」に生きる日本人の智慧そのものと見て差し支えないように思われます。一時期漱石が神経衰弱に陥ったのは、「個」の確立をめぐって繰り広げられた自身の格闘の過程において不可避なことだったと見ることもできるでしょうが、彼が最後にどうにかこうにか、「個」として生きる活路を見出すことができたのは、「小我の私」へのこだわりを捨てて、「普遍的な大我の命」に「みずから」を任せ切るという、本書で定義するところの「宗教」に触れる体験を通じてのことだったのです。

これと類似した思想は、同じく晩年に、自分が主張する「個人主義」とは、「国家主義」でも「世界主義」でもあるような「主義」なのだといったような、一見矛盾する発言をしているあたりにも指摘することができるでしょう。「個人主義」と聞けば、通常は、「国家主義」や「世界主義」とは相容れない、これらの「主義」を否定したところにはじめて成り立つ「主義」のことが連想されるのではないでしょうか。ところが、「則天去私」の感得に至った漱石にとっては、「みずから」が「個」を貫いて生きることと、全体の理想の実現を目指して生きることとは、必ずしも矛盾しないと捉えられていたのです。

このように、表面的な論理の次元では矛盾しているとしか思えない夏目漱石晩年の思想と、日本人ならではの「あわい」に立つものの見方が重なり合うことは間違いないでしょう。神経衰弱に陥った漱石や、投身自殺を図った藤村が大いに苦しめられたのは、「みずから」を拠り所としての「個」の確立に努めようとすればするほど、ますます人生の「不可解」に煩悶させられずにはいられないといった、近代以降、現代に至るまで、多くの日本人が否応なく直面させられてきた、実存的な思想課題だったと言ってよいのです。

近代以降、日本人の実生活の中で培われてきた「あわい」に立つ思想そのものが急速に省みられなくなったことで、多かれ少なかれ、多くの人が、現実の社会に生きていく縁として、強い「個」を確立すべく努力しなければならなくなった。そのことが、都会の若い世代の人たちを中心に、煩悶状況を出来させただけでなく、「前のめり」の思想を助長させたことで、社会を暴走させる原因ともなったことは、決して見過ごしにされてはならないでしょう。

再度確認しておけば、夏目漱石の場合は、「則天去私」の境地に至ったことで、何とか煩悶憂苦を脱することができたようですが、注意しなければならないのは、「小我」を捨てて「大我」に生きるとは言っても、「おのずから」の世界の中に、「私」を跡形もなく溶かし込んでしまうというのではないということ、それどころか、かえって「個人」としての「私」の輪郭が鮮明に浮かび上がってくるということにあります。

一見、矛盾を孕むようなありようで語られる漱石の自己回復の道は、その実、無常なる現実の中で、いたずらに煩悶させられることのない自己の安心を見出してきた多くの先人たちが通ってきたのと同じ道であって、その意味では、ありふれた道だったと言って構わないのかも知れません。ただ、紆余曲折を経て彼自身がようやく辿り着いた境地は、説得的な明快な言葉で語られ得るような性格のものではありませんでした。それは、どこまでも漱石自身の「一人称」の領きでしかなかったのです。

しかしながら、この種の語りにつきまとうわかりにくさを嫌って、人間の救いをシンプルに語りたがる人に見られがちなのが、煩悩にまみれた自己「みずから」のはからいをきれいに捨て去り、「おのずから」の世界と同化することで煩悶憂苦から逃れられるとする、一元論的な救済観です。

事実、藤村の自死が世間の関心を集めた頃から、文学界を中心に、有限で不可解かつ醜悪な自己を、「おのずから」の世界に生かされた存在として丸ごと肯定してみせることで、煩悶憂苦を乗り越えようとする思想傾向が見受けられるようになっていきます。一般には「自然主義文学」という名で知られていますが、明治三九年に発表された島崎藤村（一八七二－一九四三）の『破戒』や、その翌年に田山花袋（一八七二－一九三〇）が発表した『蒲団』などは、そうした思想的傾向を顕著に示す「自然主義文学」の代表的作品と言われています。

たとえば、田山花袋の小説「縁」には、次のような象徴的な表白を見ることができます。

罪？　罪ということはできない。……実際、如何なる縁か、彼女と自分との間にこういう複雑した運命がつくられた。……感情が感情を生み、運命が運命をつくって行くのは、果たしてその当事者の罪だろうか。

ここに浮き彫りにされているのは、現実世界の基底をなす、物事の「なる」側面です。日本の「自然主義文学」において主張されていることを要約すれば、人間の欲望を含めて、すべては「おのずから」の促しの結果でしかないのだから、欲望のままに生きることは何ら「罪」なことではないし、自己が作る「罪」などない以上、負うべき責任などあろうはずもないのに、責任感に苛まれるなどというのは馬鹿げた話であると、概ねそうした主張と言って差し障りないでしょう。

言われてみれば、日本人には、物事に真面目に向き合おうとするあまり、余計な良心の呵責を感じてしまうといった傾向がないわけではない。と言うより、むしろ、無責任に開き直ることができず、過剰なまでに「罪」や「責任」を背負い込んでしまうところに、民族的な性向があると言った方が適切なのかも知れません。であればなおさら、不必要な「責任」の重圧に押し潰されないためにも、行きすぎた「罪」の意識から解放され、有限な自己が有限な自己のまま、無条件に全的に肯定されていくような救いの視座をもつことが肝心だとする彼らの主張に、思わず同意したくなる気持ちは、私にもわからないではないのです。

とは言え、「自然主義文学」において描かれるこうした救済のありようというのは、明治期のエリート青年たちが「みずから」一辺倒になりかけたことで苦悩したことへの反動からか、逆に「おのずから」一辺倒へと極が振れたものでしかないでしょう。「あわい」の観点からすれば、どちらの発想にも「あわい」がないという点では、質的に何ら変わりがないからです。

二　「すさまじい」世界

鴨長明の随筆『方丈記』が、「行く川の流れは絶えずして」という言葉で書き出されていることはよく知られています。『方丈記』全体を貫く無常観が、終始、鴨長明という一人物の視点で語られていることは事実です。とは言え、自己という存在を、「おのずから」生じ、「おのずから」へと消えゆく泡沫(うたかた)の如きものと自覚するありようは、『方丈記』が世代を超えて読み継がれてきたこの国の思想文化に深く刻まれていることもまた事実なのです。

「もの」の世界の「おのずから」のはたらきは、この「私」をはじめ、さまざまな「こと」を生み育て、しまいにはすべての存在をのみ込んで無に帰せしめるところに認められます。そのような天然自然のはたらきに対して、善悪を論じてみてもはじまりません。「もの」の世界というのは、有限な人間の価値判断を超えた、ありのままと言うほかないからです。

人間基準の価値判断を拒絶する荒々しい「もの」の世界に触れたとき、しばしば日本人が発してきた〈やまと言葉〉に、「すごい」があります。この形容詞の語源としては、「度が過ぎる」という意味の動詞「過ぐ」から派生したとされる説が有力なようです。「度が過ぎる」というのは、人間の尺度では価値がはかれないということです。善悪や理非曲直の判断の入り込む余地がないというのが、「すごい」に込められたもともとの意味だったのです。

もっとも、人間の価値尺度でははかれないというのは、見方を変えれば、受け止めようによっては否定的な意味にも肯定的な意味にもなり得るということでもあるのでしょうが、いずれにせよ、私たちの常識、あり合わせの価値観では間に合わない、むきだしの世界の本質に触れて心を奪われた際に、思わず口をついて出てくる言葉が「すごい」だったということは疑い得ないでしょう。

加えて、「すさまじい」というのも、「もの」の世界の本質をまざまざと見せつけられたときに、しばしば発せられてきた〈やまと言葉〉の一つと言えます。「すさまじい」という形容詞は、「冷え冷えする」という意味の「冷む」（「寒」）や、「ぞっとするほど殺風景な様子」を言い表した「荒む」なども、概念的に重なると見られます。したがって、「すさまじい」も、「すごい」と同じく、人間的な尺度では価値をはかることのできない現実を目の当たりにしたときに口をついて出てくる言葉だったと推測されるのです。

松尾芭蕉に、『野ざらし紀行』と題された紀行文があります。「野ざらし」という語句が直接に指示しているのは、各地を放浪する旅の生活を送っていた、いつ果てるともわからない芭蕉自身の境遇なのでしょう。しかし、「野ざらし」というのは、何も芭蕉だけが置かれた特殊な境遇というわけではありません。この世界に存在するすべての有限者、生きとし生けるものに共通する峻厳な現実を、「野ざらし」という言葉が言い当てていることは間違いないでしょう。

私たちに経験される種々の出来事は、そのすべてがかたち以前の「もの」から現れ出た「こと」である以上、生きていく過程で思い通りにならない非情さを逃れられないのは当然のことです。その意味で、現実というのは、一皮剥けば実に過酷な「すさまじい」ものであって、私たち人間がそうした自然のありようから目を背けて生きていくことは、事実上不可能なのです。

現に、『野ざらし紀行』には、普段は生の過酷さを意識しないまま、安穏と生きている私たちを「もの」の世界へと突き放し、しばし言葉を失わせるような場面（抄訳）が描かれています。

――富士川のほとりを通り過ぎようとしたとき、三歳くらいの捨て子が哀しげに泣いていた。親は、この川の速い流れにこの子を投げ入れて自分だけが浮世を生き延びていくことは、さすがに忍びないと感じ、「せめて露ばかりの命が消えるまでは」と、川のほとりに捨て置いたのだろうか。

秋風に小萩がはかなく吹き散らされるように、この幼子の命が、今宵散るか、明日散るかと感じながらも、自分は袂(たもと)から喰物を投げてやるだけで過ぎ去ろうとしている。猿の声を聞いてあわれの心を催す数寄者(すきもの)（風流人）は、秋風に響く捨て子の哀しげな泣き声を、どう聞くだろうか。

「父に悪(にく)まれたのか、母に疎(うと)まれたのか。いや、父はお前を悪んだのではない。母もお前を疎んだのではない。これはひとえに天のはからいである。もって生まれた性(さが)の拙さを泣くがよい」

親に捨てられ、あとは死が訪れるのを待つしかない年端もいかぬあわれな幼子に対して、芭蕉は着物の袂から食べ物を投げ与える以上のことはしていません。もしも本気でこの子の命を救ってやろうと思うのなら、旅を中断して保護するなり、里親を探してやるなりすることくらいはできたでしょう。にもかかわらず、芭蕉は「汝の性の拙さを泣け」と、非常に突き放した言葉を残して、捨て子を富士川のほとりに置き去りにしようとしている――。

ここに描かれているのは、芭蕉自身の生を含め、世界の根底にうごめく「もの」の「すさまじさ」です。そのため、この文章に接した人は、誰も皆、富士川のほとりに捨てられた幼子や、放浪の旅を続ける芭蕉のみならず、明日は「野ざらし」の身やも知れぬ我が身に思いを至すとともに、誤魔化しのきかない現実の前に立ちつくすことになるのです。

「蕉風」と呼ばれる俳句の完成者として知られる松尾芭蕉の俳句は、いまでも高い評価を受けていますが、その芸術性が評価される際に用いられてきたのが、「わび（侘び）」、「さび（寂）」といった概念です。「わび」については、「わびる」という動詞について論じたときに、基本的なことはひととおり確認しました。そこでは、粗末で簡素な「侘びしい」世界の住人であるということが態度に示されることで、謝罪の気持ちが表現されるのと同時に、そのような仕方で他者に「わび」を入れることで、はかりごとの及ばない「もの」の世界の本質が露わとなり、存在レベルでの許しの可能性が開けてくると考えられたわけです。そのように、「侘びしい」世界に人びとが触れるとき、人間間（にんげんかん）の本来的平等性の回復の可能性が開けてくるのみならず、人間以外の一切の事物との間にも存在の本来的平等性への眼差しが獲得され、そこに尊さやかけがえのなさの情と結びついた「美」が感受されてくるようになるということは、想像に難くないでしょう。

それに対して、「さびしい（寂しい／淋しい）」とか「さびれる（寂れる）」などの語幹をなす概念が、「さび」です。これは、「すさまじい」と同様、「勢いが衰えたり冷え冷えしたりする」という意味の動詞「さぶ（荒ぶ／冷ぶ）」や「すさぶ（荒ぶ）」などとも無関係ではありません。「さび」は、漢字では「錆」とも表記されます。古来、日本人が、錆びついたような寂れた風景のうちに荘厳で美的なものを感じ取り、それらを歌や絵画に表現してきたのも、勢いが衰えて、冷え冷え、寒々とした「すさまじい」現実のさなかに、「もの」の世界の「すごさ」を感じとってきたからにほかならないでしょう。

人間が「わび」、「さび」を味わうというのは、その意味で、日常の背後にある非日常の「すごさ」に触れる経験でもある。むき出しの荒々しい「もの」の世界に触れることなく、毎日を平穏に過ごしたいというのは、人間の偽らざる心情、人類共通の普遍的願いと言えるのかも知れません。だからと言って、否応なく「もの」の世界の本質を人びとに見せつける芸術など何の意味もないとか、人びとが平穏な暮らしを営んでいくうえで有害ですらあるとまで主張する人がいるとすれば、それは甚だしい誤解です。

さらに言えば、私たちが「わび」、「さび」に触れるという経験は、先に述べた「遊び」とも、深く関係していると思われます。「遊び」の「あそ」には、「空白」という意味がありました。そこには、個々の凝った心に「空白」を生じさせ、「みずから」に偏りがちな心を世界に融かし出すことで、「おのずから」の世界へと自己を引き戻すはたらきがあると見られていたようです。

「すさまじい」現実を前向きに生きていくためにも、「遊び」の要素が不可欠だとする思想は、「口遊む（くちずさむ）」などという言い方にも示されています。事実、「口遊む」の「遊む」は、動詞「すさぶ」が音変化したもので、漢字では「荒む」とも表記されます。「遊む」と漢字表記される場合には、「物事の進行を成り行きや勢いに任せることで慰み興ずる」とか、「心にとめて愛する」という意味になり、精神に潤いを与えてくれる「遊び」の意に通じることは容易に理解できるでしょう。ところが、「荒む」と漢字表記される場合には、「心の持ちようや行動などから繊細さが失われて粗雑になる」とか「勢いが尽きて衰える」といった意味になり、「わび」、「さび」の概念により接近してくることになるのです。

このように、「遊び」が「わび」、「さび」と本質的に不可分の行為として捉えられてきたということは、「遊び」を通じて「おのずから」の世界に「みずから」が生かされているとの「あわい」の自覚を新たにしてきたことを意味していると考えられます。少なくとも、個々人がこの世界に命を与えられていることに有り難みを感じつつ、豊かな気持ちで日常生活を送れるかどうかは、そうした自覚の有無に大きく関わってくる問題であることだけは確かでしょう。

三　「もののあわれ」

「もの」の世界の本質に触れることが、「こと」の世界に埋没しがちな人間が存在の迷いの淵から救われる重要な契機になる、といった思想の構図は、本居宣長の「もののあわれ」論の中にも、はっきりとしたかたちで確認することができます。

〈やまと言葉〉の「あわれ」は、現代では、「気の毒だ」とか「かわいそうだ」とかいった、もっぱら否定的な意味合いで使われますが、文語文中で使われる「あはれ」は、大概、「趣深い」など、肯定的な意味で解釈されます。このことから知られるのは、「すごい」や「すさまじい」と同じように、「あわれ」もまた、私たちの受け止め次第で良い意味にも悪い意味にもなり得る概念だったということです。

哲学者の九鬼周造（一八八八－一九四一）は、「情緒の系譜」と題された文章の中で、「あわれ」の語源について、本居宣長の「もののあわれ」論を下敷きにしつつ、次のように論じています。

……万物は、有限なる他者であって、かつまた有限な自己である。それがいわゆる「もののあはれ」である。「もののあはれ」とは、万物の有限性からおのずから湧いてくる自己内奥の哀調にほかならない。客観的感情の「憐み」と、主観的感情の「哀れ」とは、互いに相制約している。「あはれ」の「あ」も「はれ」も共に感動詞であるが、自己が他者の有限性に向かって、また他者を通して自己自身の有限性に向かって、「あ」と呼びかけ、「はれ」と呼びかけるのである。

九鬼はこのように、「すさまじい」世界を垣間見た人間の口から洩れ出る嘆息が「あわれ」の語源であったとして、「もののあわれ」とは、「万物の有限性からおのずから湧いてくる自己内奥の哀調にほかならない」と述べているのですが、人間の心を根底から揺さぶり、行動へと駆り立てる根源力というのは、結局のところ、そのような言葉以前の感動にしか求めることができないように、私には思われてなりません。

ともあれ、「あわれ」の情というのは、九鬼も指摘しているように、一面では、有限性の認識から湧き起こってくる「自己内奥の哀調」以外の何物でもないのでしょう。しかし同時に、私たち有限者が、世界の事物に「あはれ」の情を掻き立てられることは、個々の生活で経験されるさまざまな出来事を「あっぱれ」と受け止め、人生をより豊かで前向きなものへと変えていく契機として捉えられてきたことも事実なのです。

作家の坂口安吾（一九〇六－一九五五）は、「文学のふるさと」と題したエッセーの中で、人間の倫理や道徳（モラル）の及ばない「もの」の世界のすさまじさを、否応なく読者に突きつけてくるところに、「文学のふるさと」が認められるといった主旨の持論を展開しています。このエッセーで具体例として取り上げられている文学作品の一つに、フランスの詩人、シャルル・ペローの『赤頭巾』があります。あまりに有名な童話なので、あらためて説明するまでもないでしょうが、愛くるしくて心優しく、すべて美徳ばかりで邪悪さとは無縁の、赤い頭巾を被った可憐な少女が、森に住むお婆さんの病気を見舞いに行ったところ、お婆さんに化けていたオオカミにむしゃむしゃと食べられてしまうという、ただただ残酷と言うほかない、実に「あわれ」で救いのない話です。

この残酷極まりない『赤頭巾』の物語について、坂口安吾は読者に、次のような問いを投げかけています。

私達はいきなりそこで突き放されて、何か約束が違ったような感じで戸惑いしながら、然し、思わず目を打たれて、プツンとちょん切られた空しい余白に、非常に静かな、しかも透明な、ひとつの「ふるさと」を見ないでしょうか。

要するに、安吾は、「何か約束が違った」、はからいの及ばない現実、「プツンとちょん切られた空しい余白」に、静かで透明な「文学のふるさと」を見ずにはいられないと言っているのですが、ここで「ふるさと」という言葉によって言い表されているのが、「すさまじい」「もの」の世界であるということは、論を俟たないでしょう。

ところで私自身、「文学のふるさと」を読む前に、人づてに『赤頭巾』の物語に「文学のふるさと」を見るということを安吾が述べていると聞かされて、どうにも腑に落ちない気がしたことを憶えています。それもそのはずで、このような残酷で救いようのない物語を子どもに読み聞かせるのはよくないといった大人の側の配慮があったからなのでしょうが、私が子どもの頃に読んだ『赤頭巾』の物語は、オオカミのお腹の中からお婆さんが無事に生還するという別のストーリーに作り替えられてしまっていたのです。

『赤頭巾』の物語に関して言えば、かれこれ四〇年近くも前に、そうした配慮が施されていたわけです。そう考えると、最近の子どもに読み聞かせる童話のほとんどがハッピーエンドで終わる物語だというのも、無理もない話なのかも知れません。

けれども、大人の側の行き過ぎた気遣いは、文学作品を通じて「あはれ」としか言いようのない存在の「ふるさと」に触れるという、人間の思想を鍛錬するうえで貴重な機会を、この国の子どもたちから奪ってきたとも言えるのではないでしょうか。私は、そのことが現代日本人の死生観ないし倫理観の形成に及ぼしてきた影響は、ことのほか大きいのではないかと、内心、忸怩（じくじ）たる思いを抱いています。

四　「反訓」的性格

この世のありとあらゆる存在が、「おのずから」のはたらきに依拠している以上、思いもよらぬ出来事になす術もなく翻弄され、茫然自失する場面に遭遇させられるという事態は、誰にとっても避け難いと言わなければなりません。そのように、すべてのものはいついかなる瞬間も不確実性にさらされて続けている、といった現実に対する日本人の認識は、「うつつ（現）」という〈やまと言葉〉の中に、如実に見て取ることができます。

「うつつ」という名詞は、「移る」、「写る」、「映る」、「遷る」、「染る」、「憑る」等々、現実世界における状態の変化や移動を示す幾多の動詞と語源を同じくしています。現実の世界のことを「うつつ」と表現してきた日本人の発想が、この世の一切をはかなく移ろいゆくものと見る仏教の無常観に響き合うことは、言うまでもないでしょう。

花の色は 移りにけりな いたずらに 我が身世にふる ながめせしまに

世の中は 夢か現か 現とも 夢とも知らず ありてなければ

ここに取り上げた二つの和歌は、いずれも小野小町によって詠まれたものです。一つめの歌には、若さや美貌もさることながら、色という色は、すぐに移ろい褪(あ)せてしまうものだ、というこの世の無常に対する深い慨嘆、二つめの歌にも、はかなく移ろう現実は夢のうちに展開される世界のようなもので、あるのかないのかすら判然としない、その意味で、あってないようなものだという透徹した諦めの心境が表明されているものと思われます。

人生の実感が、すべてはあってないようなものだと、いささか大げさに感じられてしまうほど感傷的に歌われているのは、何も彼女が絶世の美女としてもてはやされた過去の栄光にとらわれているといったような、安っぽい個人的理由からだけではなかったはずです。と言うのも、小野小町と同時代を生きた歌人で、三十六歌仙の一人にも名を連ねる紀友則（八四五－九〇七）も、世の無常を次のように歌に詠んでいるからです。

　　寝ても見ゆ 寝でも見えけり 大方は うつせみの世ぞ 夢にはありける

　この歌の中で使われている「うつせみ」という言葉が、「うつつ」の概念と無関係でないことについては、容易に察しがつくでしょう。脳裏には、寝ても覚めても何らかの光景が生々しく展開されているのだから、大概の事柄は、「夢」と区別がつかないではないかと、率直な実感を歌に詠んでいるわけですが、就中（なかんずく）、注目されるのは、夢のような現実が「うつせみ」と表現されているということです。

「うつせみ」という〈やまと言葉〉には、多くの場合、「現身」や「空蝉」などの漢字が当てられてきました。このことが意味しているのは、この世にかりそめに映し出された、蝉の抜け殻のごとき中身のない存在として「みずから」を捉える感性が、この時代の日本人の間で広く共有されてきたということでしょう。

　ところで、「うつつ」は、「現を抜かすな」などと言われる場合には、非現実的な夢心地にまどろんでいる状態のことを指すのに対して、「夢か現か」とか「現に帰る」などと言われる場合には、夢のまどろみから醒めた状態のことを意味します。このように、一つの単語が真逆の意味を併せもつといった例は、「すごい」や「あわれ」がそうであったように、〈やまと言葉〉にあってはめずらしいことではありません。私の個人的心情としては、〈やまと言葉〉に見られるこうした性格こそが思考の柔軟さを生み出してきたのだと、積極的に評価したい気持ちがむしろ強いのですが、それに反して、そこにこそ日本人の概念把握能力の弱さの元凶があるのだと指摘する声も、近代以降の知識人の間で根強いことも事実で、一概には何とも言えないところです。

ただ、一つの単語が真逆の意味を併せもつというのは、何も〈やまと言葉〉だけに見られる特殊な現象というわけではありません。たとえば、英語の"subject"などがそうです。"subject"は、多くの場合「主体」と訳されますが、この単語と対をなすのは、"object"で、日本語〈新漢語〉としては、「主体」に対して「客体」と訳されるのが通例です。その場合には、"subject"という概念はどこまでも「客体」にはなり得ないものとして理解されることになるのでしょうが、"subject"の意味を言葉の内部にまで踏み込んで捉え直すならば、それほど単純な概念でないことがわかってくるはずです。なぜかと言えば、"subject"には、「臣下」という意味もあるからです。つまり、"subject"という概念を成り立たせている背景には、「主体」が「主体」であるためには、何か（誰か）に仕えたり従ったりする「客体」でなければならないといった、一筋縄では説明し切れない論理構造が指摘できるということです。

同じことは中国語の場合にもあてはまります。特に古代の中国語に着目すれば、一つの漢字が相反する意味を併せもつといった例が数多く見受けられ、こうした現象は「反訓」と呼ばれています。「離」という漢字が、「離れる」と「くっつく」という相反する二つの様態を意味したり、「乱」という漢字が、「乱れる」と「治める」という正反対の意味をもち合わせていたりというのが、その例です。（日本人が「自」を「おのずから」とも「みずから」とも訓読してきた背景にも、「反訓」的な性格が認められると考えれば、疑問はひとまず氷解するのではないでしょうか。）

言葉の重要なはたらきは、「事の端」として「もの」の世界を切り出し、型をつけていく（「片付ける」）ことにあります。ただ、「ことわけ」されて間もない世界というのは、まだ十分に秩序が固まり切っておらず、幾分か「もの」の性格をとどめているために、正反どちらの意味にもなり得る余地を残していたのではないかと想像されます。それが、時間の経過とともに一方の意味が廃れていったことで、元来は「反訓」的な性格をもつ言葉だったことが見えづらくなっていったというのが、事の真相だったのではないでしょうか。

実際、そうした角度から日本語を捉え直してみれば、「反訓」的性格を帯びたものは、日頃から私たちが慣れ親しんでいる言葉の中にも、思いのほか多くあることに気づかされるでしょう。〈やまと言葉〉の「かなし」には、意のままに他のものを兼ねられないことへの遣る瀬ない思いが込められていたと見られます。そうした語源を踏まえれば、「かなし」に否定的な感情が含まれているといった理解に、特に異論はないはずです。しかし、たとえば、平安時代初期に成立したとされる『伊勢物語』（作者不詳）には、「ひとつ子にさえありければ、いとかなしうし給いけり」といった「かなし」の用例が確認されます。この場合の「かなし」は、「大事に思ってかわいがる」という意味で、「一人っ子だったので、大そうかわいがりなさった」と言われているのです。そうなると私たちは、「かなし」に、たんに否定的な感情だけを読み取って事足れりとしているわけにもいかなくなってくるでしょう。

もっとも、「大事に思ってかわいがる」という意味の場合には、「愛し（かなし）」と表記されることで誤解が生じるのを避けることができるのかも知れません。「かなし」が肯定的な意味合いを帯びてくることにもなるのはなぜなのか、といった疑問に少々深く思いを巡らせば、兼ねたくても兼ねられないといった思いを強く抱かざるを得ない相手というのは、それだけ大切で、かけがえのない存在でもあるということを意味しているからに相違ないのです。

このように、〈やまと言葉〉の「かなし」にも反訓的な性格を認めることができるわけですが、肯定的な意味の「かなし」が「愛し」と表記される場合には、「いとし」と訓読することも可能になってきます。

「いとし」は、口語では、「いとおしい」もしくは「いとしい」と発音されます。「いとおしい」、「いとしい」は、現在では、「誰かのことをこよなく愛している」といった意味でしか使われません。そうした事情もあってか、「いとし」に関しては、否定的な意味が含まれているというのはなかなか想像しづらいことでしょうが、「いとし」は、「厭わし」や「痛わし」などとも共通の語源をもつ言葉でもあるのです。

愛おしい人とは、いつでも一緒でいたい、そばに寄り添っていたいと思うものです。そして、その人のことが愛おしければ愛おしいほど、心の一体感までも強く求めたくなるというのは、人間の感情としては自然なことでしょう。けれども、一心同体であることをどれだけ切に願ったところで、願いどおりにならないのが現実というもので、愛おしさが募れば募るほど、一心同体にはなり切れない現実にいっそう心を痛め、満たされない思いが大きくなり過ぎた結果、愛おしい相手が「いっそ」目の前から消えてくれればいい、「厭わしい」存在にすら感じられてくるというのも、あながち理解できない感情ではないでしょう。

人間が他者に対して抱くこの種の情は、仏教では「渇愛」と呼ばれ、「煩悩」の一つに数えられてきました。確かに、特定の誰かに注がれる愛情というのは、ときに大きな悩みの種になるものです。してみれば、「愛おしさ」が「厭わしさ」に、また「厭わしさ」が「愛おしさ」にと、人間の感情が案外簡単に反転してしまうことを、たんに理不尽な話として片付けてしまうわけにもいかなくなるのではないでしょうか。

五　「愚」に立つ思想

近代を代表する開明的思想家として知られる福沢諭吉（一八五三―一九〇一）は、『福翁百話』の中で、「人間の安心法」と称して以下のようなユニークな論を展開しています。

人生本来戯(たわむ)れと知りながら、この一場の戯れを戯れとせずしてあたかも真面目に勤め、貧苦を去って富楽に志し、同類の邪魔せずしてみずから安楽を求め、五十七十の寿命も永きものと思うて、父母に事(つか)え夫婦あい親しみ、子孫の計を為し、また戸外の公益を謀り、生涯一点の過失なからんことに心掛るこそ蛆虫(うじむし)の本分なれ。いな蛆虫のことにあらず、万物の霊としての人間ひとり誇る所のものなり。ただ戯れと知りつつ戯るれば心安くして戯れの極端に走ることなきのみか、時にあるいは俗界百戯の中に雑居して独り戯れざるもまた可なり。人間の安心法はおよそこの辺にあって大なる過ちなかるべし。

また、福沢は同じ本の中で、「物事を軽く視てはじめて活溌(かっぱつ)なるを得べし」ということも述べています。啓蒙思想家として明治近代という時代を牽引した進取の気性に富む人物が残した、諧(かい)謔(ぎゃく)味あふれるこうした言葉の奥底にも、やはり私は、人生のはかなさやかなしみを踏まえたうえでしか成り立たない、「あわい」の思想が息づいているのを感じずにはいられません。

第四章で私は、真宗門徒たちの宗教的眼差しが、商都・大阪の発展の原動力となったということを論じました。ですが、現代の日本人でも、特に若い世代にとっては、大阪というのはむしろお笑いの本場といったイメージの方が強いのではないでしょうか。

たとえば「アホ」という言葉は、「お笑い芸人」と呼ばれる人たちの「突っ込み」としてだけではなく、一般の大阪の人たちの間でも頻繁に使われています。が、そのことで険悪な空気が生まれるといったようなことはなく、それどころか、互いに「アホ」と言い合うことが、人間関係の潤滑油になっているところがあると言っても過言ではないのです。こうしたことは、同じ日本人でも、大阪を中心とした関西文化圏で生まれ育ってこなかった人間には、そう簡単には馴染めない感覚と言ってよいのではないでしょうか。

それにしても、どうしてそんなことが可能になるのでしょうか。その理由は、ほかでもなく、大阪では自分も相手もお互い「アホ」であるということ、どれだけ利口ぶってみたところで、人間というのは、所詮、愚かな存在でしかないといった有限性の自覚が、骨の髄まで染みこむかたちで、歴史的・文化的に蓄積され、庶民の間に受け継がれてきたからでしょう。

福沢諭吉は、豊前国（大分県）中津藩の下級藩士の子として生を受けていますが、生まれたのは、藩の蔵屋敷があった大坂の堂島でした。そして、二〇才のとき、再び生まれ故郷に戻り、蘭学者の緒方洪庵（一八一〇－一八六三）が大坂（なにわ）の商業の中心地である船場（せんば）に開設していた塾（適々斎塾）で蘭学を学んでいるのです。私は、「人間蛆虫論」を唱えた福沢の思想が、なにわ（上方）の文化がもつ独特な軽妙洒脱さや活力に通じる雰囲気を漂わせているのは、決して偶然のことではなかったと見ています。

近代の日本を代表する啓蒙思想家らしく、福沢はよく「独立自尊」と揮毫（きごう）していたと言われます。浄土真宗の門徒でもあった彼の墓は、東京都港区元麻布にある浄土真宗の寺院・善福寺にありますが、生前に好んで揮毫した「独立自尊」の四文字は、「大観院独立自尊居士」という法名にまで用いられているほどです。「他力」を宗旨とする浄土真宗と、「独立自尊」という発想とは、まったく相容れないもののように感じられるかも知れません。しかし、阿弥陀仏（「他力」）の救済を説く浄土教の教えと、「独立自尊」を貫いて生きた福沢諭吉の思想とは、基本的に相容れないものでなかったとしないことには、私には到底、納得のいく説明がつかないように思われてなりません。

それにしても、何故に日本のお笑い文化は、大阪を中心に発達することになったのでしょうか。宗教と商業の関係にしてもそうですが、お笑いが宗教思想に関係していると言われても、両者の間にどのような思想的結びつきがあるのか、にわかには理解し難いことでしょう。しかし、そこにもやはり、仏教的伝統の中で醸成されてきた宗教の思想的要素を、かなりの程度、はっきりとしたかたちで指摘することが可能です。

たとえば、落語がそうです。落語は、「節談（ふしだん）説教」と呼ばれる浄土真宗の僧侶の説教から生まれた話芸だと言われています。お笑いの芸というのは、聴衆に受けないことにははじまりませんが、この場合の「うける」にしても、もとをたどれば、僧侶の説教に感じ入った聞法者たちが「南無阿弥陀仏、南無阿弥陀仏」と念仏で応答する、「受け念仏」に由来するものだったのです。

しかしながら、なにわのお笑い文化と宗教思想との結びつきを語る際に、何と言っても無視できないのは、浄土真宗の宗祖・親鸞（しんらん）（一一七三－一二六二）の思想でしょう。親鸞という人は、みずから「愚禿（ぐとく）」と名のっています。中世の後期、大坂は石山本願寺の門前町として賑わっていた宗教都市だったのですが、「愚禿」と自称した親鸞の宗教的自覚が、明け透けに自分が「アホ」であることを認めるなにわのお笑い文化を根底において支えてきたことは、まず間違いないでしょう。

「愚」の地平にしか生きられないし、生きていないのが自己の偽らざる姿であるといった自覚は、いくら外面を取り繕って賢ぶっても仕方のない、他人に良い格好などできるような存在ではないといった認識を、私たち個々の中に芽生えさせずにはいないはずです。そうした自己認識の中から導かれてくる処世態度が、人生を後ろ向きで窮屈なものにするということは、到底、考えられません。自己の「愚」なることを大っぴらに認めたうえで、そのことを笑い飛ばして生きていけること以上に、現実の世界に忠実な、存在の大地に深く根を下ろした強靱な思想はないと言えるからです。

こうした嘘偽りのない「愚」の思想が可能にしてくれるのは、平たく言えば、肩肘張らずに「おのずから」の世界の流れに身を委ねることで、人生において経験されるどんな些細な出来事に対しても面白がれるような生き方でしょう。少なくとも、親鸞の宗教的自覚の中から誕生した浄土真宗の思想が、一人ひとりが「愚」の地平に立つことで、逆に「おのずから」の力（「他力」＝「阿弥陀仏」）に生かされてあることへの感謝の念が掻き立てられ、そのことが有限な人間を有限な身のままに、倦（う）まず弛（たゆ）まず人生を歩ましめる活力となるところに救いを見てきたことは、紛れもない事実なのです。

六　「はかなさ」のその先へ

一切の人事を無常ではかないものと観じ、半生を遁世者として過ごした兼好法師は、『徒然草』の中に「世は定めなきこそいみじけれ」といった随想を記しています。

「いみじ」という〈やまと言葉〉は、元来、「忌み嫌わなければならないほどひどい」という否定的な感情を言い表す言葉だったものと推測されます。「定めなき」世が、時に「忌む」べき、忌々しい現実に感じられるというのは、わからない感覚ではないでしょう。ところが、兼好法師は、「いみじ」を、ここでは明らかに肯定的な意味で使っている。この世は、「無常」だからこそすばらしいと言うわけです。

日本人は、古来、言葉以前の「あわれ」で「すさまじい」現実、「わび」、「さび」のむき出しになった「素」の世界に触れることは、美意識の成立においても不可欠な経験であると捉えてきました。別言すれば、周りを取り囲み、中身を覆い隠していたものが晴れて、「素」が露わになることを、「素晴らしい」ことと捉えてきたのですが、似たような認識の構図は、「いみじ」の概念についてもあてはまるように思われます。すなわち、「定めなき」はかない現実を、一点の虚偽もない「素晴らしい」ものと受け止めて、人生を心の底から楽しめるかどうかは、ひとえに忌みじき世界の先に、いかに明るみを見出せるかにかかっているということです。

九世紀初頭に成立したとされる『古語拾遺』に、「あはれ、あなおもしろ、あなたのし、あなさやけ、おけ」という囃し言葉を見ることができます。これは、天の岩戸に引き籠もったアマテラスを、あの手この手で岩戸の外へと引きずり出すことに成功した直後の、高天の原の神々の歓喜の様子を描写したものです。ここには私たち有限者が、「無常」の世を、「おもしろ」く、「たのし」く生きていくための秘訣を知らせてくれる、大事なヒントが示されているように思われます。

まず、〈やまと言葉〉の「おもしろ」に着目すれば、岩戸から引きずり出されたアマテラスから放たれた光で、歓喜に満ちた神々の面が白々と照らされる様子が、この語の語源だったようです。「裏表」の「表」以外にも、「面を上げよ」といった時代劇で耳にするような台詞や、「面長」や「面影」などといった言い方があることからもわかるように、「おもて」には、「顔」という意味があります。また、「たのし」という〈やまと言葉〉は、アマテラスが再び姿を現した喜びで、神々の「手」がおのずと「伸し」た様を言い表したものとも言われています。ちなみに、「あなさやけ」は草木もともに喜び踊る様子を、「おけ」は草木が風に靡き揺れる様子を表していると見ることができるようです。

要するに、『古語拾遺』に記された囃し言葉は、太陽が隠れて世界が闇に包まれたことに慌てふためき、あれこれと手を尽くしてはみたものの、なかなかうまくいかず、絶望しかけていたところに再び光が戻り、神々の面々が白く照らし出されると同時に、歓喜のあまり手を伸し舞い踊ったという神話に基づくものと理解できるのです。

もしかりに、私たちの生が、常時光に包まれた世界の中で営まれているとすれば、世の無常を悲しんだり、はかなんだり、忌々しく感じたりということがない代わりに、人生で経験されるさまざまな事柄を面白がったり楽しんだりということもないはずです。その証拠に、日本人は、山も谷もない平坦な人生、行き詰まりを感じることのない人生を、「つまらない」という言葉で否定的に表現してきました。「つまらない」というのは、動詞「詰まる」の未然形に、打ち消しの助動詞「ない」が付加されてできた形容詞です。この語が、「面白くない」という意味で使われてきた背景に、世の無常から目を逸らさずに人間存在の有限性をしかと見据えることで、はじめて人生を謳歌できるといった日本人の人生哲学があったことは、想像に難くないでしょう。

この世界に望んで生まれてきた人など、誰一人いません。だからと言って、この世界に生を受けたこと、自分自身がいまここにこうしてあるという事実そのものを打ち消すことなどできはしない。だとするならば、私たちが向き合うべき課題は、環境世界を含めた所与の条件の中で、「みずから」を「おのずから」の世界全体とどのように「仕合わせ」、人生を豊かで充実したものに変えていけるかに尽きていると言っても過言ではないのです。

無常ではかない「うつつ」の世界を、日本人は「憂き世」と認識する一方で、人智でははかることのできない「もの」を、「あっぱれ」（「あわれ」）と称讃し、こよなく愛でてきたことも事実です。そうした姿勢の裏側に、現実生活において出遇うさまざまな「あやしい」出来事を、愛でるべき、「めずらしい」出来事として受け止めてきた日本人の感性があったことは言うまでもありません。

日本人のそうした感性の一端は、「奇(く)しくも」といった言葉遣いなどにも見て取ることができます。日本の歌や絵画などには、雪月花に代表される自然を「美しい」ものと愛でる作品が、数多(あまた)存在します。そもそも「うつくし」という形容詞は、「うつつ」としての現実において経験される出来事を「奇し」、すなわち「現奇(うつつく)し」と見ることから生まれた言葉だったと考えられるのです。

定めなき「うつつ」が「憂き世」に感じられるというのは、人間が有限な存在である以上、当然のことと言えるでしょう。しかし同時に、自己の人生にどうにもならない行き詰まりを感じ、現実世界が「憂き世」として感受された経験をもたない人にとっては、「うつつ」を「浮き世」として面白がったり楽しんだりできる人生を謳歌するのは難しいというのも、確たる事実なのではないでしょうか。

ただ、繰り返し述べてきたように、いくら無常を感受する先にしか「仕合わせ」はないということはわかっていても、いざ悲しい、やりきれない現実に直面させられたときには、激しい痛みを感じずにはいられないのが人間なのだということは、決して見過ごされてはならないでしょう。

『法華経』の熱烈な信仰者でもあった宮沢賢治は、宗教的な救いを描いた作品を数多く残しています。「諸行無常」の道理を受容したその先に、仏教で説かれる究極の救いがあることを、賢治が知らなかったはずはありません。にもかかわらず、最愛の妹・とし子に先立たれたとき、彼はひどく動揺し、しばらくの間、狂ったように慟哭(どうこく)し続けています。世のはかなさをどれだけ頭で理解していても、妹の死という現実を突きつけられたときには、遣り場のない悲しみや寂しさを、彼はどうすることもできなかったのです。

熱心な仏教徒だった賢治ですらそうだったのです。だとすれば、自覚的な信仰を持ち合わせていない人間が救われることなどあり得ないと観念するほかないということになってしまうのでしょうか。

「噴火湾(ノクターン)」と題されて、『春と修羅（第一集）』に収録されている賢治の詩に、妹を亡くした深い悲しみが、次のような言葉で綴られています。

ああ何べん理知が教えても私のさびしさはなおらない
……それはあんまりさびしいことだ（そのさびしいことを死というのだ）
たとえそのちがったきらびやかな空間で
とし子がしずかにわらおうと
わたしのかなしみにいじけた感情は
どうしてもどこかにかくされたとし子をおもう

宗教の信仰がもたらす功用というものを、人間の迷いを晴らし、光に満ち溢れた絶対の安楽界へと至らしめるということに思い描いている人も少なくないでしょう。ところが、賢治のこの詩の言葉から見えてくるのは、そうした宗教の無垢な救いのイメージとはかけ離れたところで悶え苦しむ、か弱き一人の信仰者の姿です。

仏教で説かれる「さとり」とは、さまざまな縁が複雑に絡み合うかたちで「こと」が生起する世界のただ中に「みずから」が生かされてあることを、事実としてしかと「明からめる」（「諦める」）ことにほかなりません。言い換えれば、存在の有限性が「明からめ」られるのと同時に、有限な自己をしてこの世界にあらしめる「おのずから」の不可思議な力のはたらきに気づかされることで、自己本来の面目に目覚めるというのが、仏教という宗教におけるさとりのありようにほかならないのです。

しかしながら、賢治の「かなしみにいじけた感情」は、仏教が教える道理に従ってとし子の死を受け容れることを、しばらくの間、断固、拒み続けます。そして、呻吟し、呻吟した挙げ句に行き着いた「みずから」の思いを、「薤露青（かいろせい）」と題する詩に、次のように書き綴っています。

ああ、いとしくおもうものがそのままどこへ行ってしまったかわからないことがなんといういいことだろう……

心の安定を失い、「くるくる」する苦しみの果てに行き着いた思いが、わからないことをわからないと「諦める」というものであったという事実に、私はあらためて心の眼が開かれる思いがします。

要するに、賢治にとっての宗教の救いとは、かなしみに満ちた現実の世界を、かなしみのない天国や浄土に変えることによって実現されるような類のものでは、断じてなかったということ、わからないかなしみをわからないかなしみのままに、さらにその先へと突き抜けていくところに、かろうじて触れることのできるような、きわめて微妙な「あわい」のうえに成り立つ性格のものだったということです。

七 「優男」の「なさけ」

そのように、やりきれないかなしみを抱えながらも、「おのずから」の世界と「みずから」の絶妙な「あわい」のうち獲得される心の安寧のことを言い表したのが、「やさし」（「やさしい」）という〈やまと言葉〉です。

「やさし」の「やさ」は、「痩（や）す」という動詞に由来するものです。したがって、「肉体が痩せ細る思いがする」というのが、この言葉に込められていた本来的な意味だったと考えられます。現代の日本語では、「やさし」は、「あの人は優しい」とか、「これは易しい問題だ」などといった具合に、もっぱら客体の属性を形容する言葉として用いられます。ですが、もともとは発話者の側の主観的感情を言い表した言葉だったのです。

そのあたりのことは、鎌倉時代に成立したとされる『平家物語』の中で、源氏方の侍である手塚光盛が、平氏方の老侍である斎藤実盛に対して合戦場で呼びかけている次の台詞などにも、はっきりと見て取ることができます。

> あなやさし。いかなる人にて在（ましま）せば、み方の御勢は皆落候に、ただ一騎のこらせ給いたるこそゆうなれ。なのらせ給え。

光盛は実盛に、「ああ、なんて優しい人なのだ。どんなお方でいらっしゃるのか。味方の軍勢は皆落ちたというのに、ただ一騎お残りになっておられるのは、実に「ゆう」なることだ。どうか、名前をお名のり下さい。」と声を掛けているのですが、注目すべきは、最後まで戦場に居残って、孤軍奮闘し続ける老侍の「ゆう」なる姿に心を打たれた光盛の口から思わず漏れ出た言葉が、「やさし」だったということです。

〈やまと言葉〉の「やさし」には、多くの場合、人偏に「憂」と書く「優」の字が当てられてきました。「ゆうなれ」と、実盛の奮闘ぶりが誉め讃えられている「ゆう」も、漢字で表記するとすれば、「優」でしょう。ただ、意外なことに思われるかも知れませんが、漢字の「優」には、「すぐれている」という意味はあっても、「やさしい」といった意味はないのです。

それにもかかわらず、「優」の字が〈やまと言葉〉の「やさし」に対して用いられてきたのはなぜなのでしょうか。そこには、次のような思想的了解があったからに違いありません。すなわち、人間の「やさしさ」、「ゆう」なる優れた振る舞いというのは、「憂い」の中からしか生まれてこないといった、「あわい」を生きてきた日本人ならではの哲学的・思想的了解です。

「やさしさ」と倫理的な振る舞いとの関係を巡っては、室町時代中期の連歌師で、天台宗の僧侶でもあった心敬（一四〇六－一四七五）の言葉を収録した『心敬法印庭訓』に、次のような記述が確認されます。

常に飛花落葉を見ても草木の露を眺めても、この世の夢まぼろしの心を思いとり、ふるまいをやさしくし、幽玄に心をとめよ。

芸術家としての心得について述べられているくだりですが、この中で特に目を引くのは、「ふるまいをやさしくし」といった言葉遣いです。心敬のこの一風変わった表現は、「ふるまい」と「やさしさ」とが、日本人の思想において内的にどのように結びつき得るのかを考えるうえで、私にはきわめて興味深い素材であるように感じられます。

「優男（やさおとこ）」という言葉があります。風流をよく解し、上品で情け深く、他者に対しても細やかな心遣いができる男性のことを指す〈やまと言葉〉ですが、日本を代表する「優男」として、私の脳裏にまっ先に思い浮かぶのが、在原業平（ありわらのなりひら）（八二五－八八〇）です。平安初期の作品とされる『伊勢物語』などにも「在五中将」として登場する歴史上の人物ですが、第六三段の「つくも髪」の中で、「心なさけあらむ男」として描かれています。「つくも髪」とは、九九才の白髪の老婆のことですが、この段のあらすじは、次のようなものです。

――あるところに、「心なさけあらむ男」と、いまいちど男女の関係になれないものかと、色恋に目覚めた「つくも髪」の老婆がいた。だが、そんな思いを他人に直接打ち明けることはさすがに憚られたので、夢で見た話ということにして、三人の息子たちに自身の切なる願いを語って聞かせることにした。三人の息子のうち、長男と次男は、年老いた母の夢物語に素っ気ない反応を見せただけだったが、三男は違った。「大概の世の男たちは薄情なものだが、在五中将はそうではない。どうにかして「心なさけあらむ男」と男女の関係になりたいという、母の願いを叶えてやりたいものだ」と真面目に考えた三男は、馬で出かける途中の在五中将をつかまえて事情を伝えたところ、いたくあわれがり、家にやってきて老婆を抱いた。

『伊勢物語』の作者は、「好きなものは好き、好きでないものは好きでないというのが世のならいなのに、この男は、好きであるとかないとかの「けじめ」を見せない心の持ち主なのであった」

との感想でこの段を結んでいます。「「けじめ」を見せない」というのは、在五中将のことを貶める言い方では、決してありません。それどころか、「つくも髪」の老婆の切なる思いや、年老いた母を思い遣る三男の「やさしさ」に心打たれて、好きでもない女と嫌な素振りひとつ見せることなく、一夜をともにできる在五中将のことを、作者は「心なさけあらむ男」だと、最大限に賞賛しています。そしてそれとは対照的に、年老いた母の願いを素っ気なく聞き流した二人の息子や、在五中将以外の世間の男たちには、「いとなさけなし」と、厳しい言葉を投じているのです。

ここであらためて突きつけられてくるのは、在五中将のような、九九才の老婆とでもあっさりと男女の関係を結べてしまう人間と、好きでない人は好きでないと、きちんと「けじめ」をつけられる人間の、どちらがはたして素直な心の持ち主なのかという問いでしょう。好きでない人は好きでないという理由で、きっぱりと「けじめ」をつけられる人を、自己の心に素直でないと考える人は、まずいないはずです。では、在五中将は自己の心に素直でなかったかと言えば、そうとも言い切れないのではないでしょうか。なぜなら、三男から、老母の切なる願いを聞かされた在五中将に、「あわれ」の心が催したのは、紛れもない事実だからです。

だとすれば、「心なさけ」ある人と、そうでない人との違いを、私たちはどこに求めればよいのでしょうか。この問いに対する答えの手がかりは、「この世の夢まぼろしの心を思いとり、ふるまいをやさしくし」という心敬の言葉の中に示されているように思われます。要は、生きとし生ける存在にとって逃れ難いかなしみを、どれくらい痩せ細る思いで切実に感受しつつ生きているかどうかに、「心なさけ」ある「優」なる振る舞いが導かれてくるか否かの重要な分かれ目があるのではないかということです。

八　「ふるまい」の虚偽性

とは言え、在五中将の「つくも髪」の老婆に対する「心なさけ」に、作為性や虚偽性が含まれていなかったと言えば嘘になるでしょう。なぜかと言えば、「なさけ」とは、「為（な）す」の「な」、「然（さ）る」の「さ」、「気（け）」の三つの要素からなる言葉で、本当はそうでなくても、そうである（「然る」）かの如くになすふり（「為す気」）をしてみせるというのが、この語のもともとの意味でもあるからです。

ただ、人の「心なさけある」行為から作為性や虚偽性を完全に払拭することは無理だとしても、嘘がすぐに見抜かれてしまうようでは、「優」なる「やさしい」「ふるまい」とは言えないでしょう。そのため、人の行為が、優雅で「やさしい」と評されるまでに洗練された「ふるまい」となるには、相当に高度な「技」を身に着ける必要があったと考えられます。

特定の人物に扮し、身振り手振りの「技」を駆使して役柄を演じる人のことを、「俳優」と言います。しかしながら「俳優」が「はいゆう」と音読みされているうちは、そこにどんな意味が込められていたかを推測することは困難です。そもそも「俳優」が一般に「はいゆう」と音読みされるようになったのはたかだか一五〇年かそこらの話で、それまでは「わざおぎ」と訓読されるのが通例だったようです。

国語辞典（『字統』）によれば、「わざおぎ」は、「古くは神に対して憂え申す態（わざ）をなしたもので、いわば悲劇役者であった」と説明されています。このことからまず推し量られるのは、「わざおぎ」の「わざ」は、「態（わざ）とらしい」の「態」と意味を共有していること、さらには、人間の技術や作為を意味する「技」や「業」なども、この概念と無関係ではなさそうだということです。また、「わざおぎ」の「おぎ」に関して言えば、神々を招く行為を表す「おぐ（招く）」という動詞の連用形が名詞化したものと推定されます。以上の知見を踏まえたうえで総合的に解釈するなら、何か、あるいは誰かの「振り」をして「舞う」、すなわち自己の「振る舞い」を通じて、神々と人間とを媒介するのが、「俳優」本来の仕事だったということでしょう。だとすれば、すぐれた「俳優」であるには、虚偽性や作為性を含む人間の「技」を、見る者に微塵も「態」とらしいと感じさせない「振る舞い」を身につけ、「役」と自己とが「けじめ」なく一体化するところまで「技」を磨きあげることが、絶対の条件となってくると考えらるのです。

その際に、やはりどうしても欠かせないのは、「おのずから」への眼差しでしょう。私は、『伊勢物語』の作者が、在五中将のことを「心なさけあらむ男」と賛辞を惜しまなかったのは、彼がまさに「宗教心」に篤い「優」なる心の持ち主だったことと、言い換えれば、誰に対しても「けじめ」なく「なさけ」を示して「振る舞う」ことのできる「優男」、比類なき「俳優」であったことと、無関係ではなかったろうとも思うのです。少なくとも、そのように解釈することで、心敬が「ふるまいをやさしくすべし」と、人間の作為性と「宗教心」とを結びつけて語っているわけが、私にははじめて腑に落ちて頷けてくる気がするのです。

「ふるまいをやさしく」して生きることは、無論、連歌師や俳優などの表現者たちだけに求められる特別な理想ではありません。「自利利他円満」の成就を目指して生きていこうとすることは、誰しもが追い求めるべき理想であるに違いないからです。そのことは、「ふるまい」の「やさしさ」が具体的なかたちをとった人間の諸行為を言い表す言葉や言い回しが、日本語表現の中に数多く見られることからも、推察することが可能でしょう。

「もてなし」というのも、そうした性格の色濃い〈やまと言葉〉の一つと言えます。「もてなし」は、「以て為す」、もしくは「持って成す」という動詞句が名詞化したものとされていますが、何かを「以て」、あるいは何かを手に「持って」事を為したり成したりする主体として想定されているのが、人間であることは言うまでもありません。そうである以上、どれだけ真心を込めて他者を「もてなし」たところで、態とらしさを完全に払拭するのはどだい無理な話で、どうしても幾ばくかの虚偽性が発露してしまうことは避けられないでしょう。そうした認識を十二分にもち合わせてきたからこそ、人為的な行為であるとは言え、相手に「態」とらしいという印象を極力与えぬよう、日本人は「なさけ」をもって「ふるまう」ことをつねに心掛けてきたと言ってよいのではないでしょうか。

他人の行いを強く非難する常套句の一つに、「もってのほか」というのがあります。このような言い回しが強い非難語として用いられてきたのも、そうした事情の裏返しであろうと推察されます。つまりは、ある行為が「もてなし」の心、ないしは「なさけ」や「ふり」を欠くものと見なされる場合に用いられてきた言葉が、「もってのほか」だったのではないかということです。

ところで、「もてなし」や「ふるまい」には、客人に対して飲食物を提供して接待するといった意味もあります。考えてみれば、「もてなし」や「ふるまい」といった〈やまと言葉〉は、深い情愛で結ばれているために、「ふり」をしたり「なさけ」を示したりする必要のない身内に対しては、決して用いられることがないのです。

もっとも、現代の日本社会では、「もてなし」や「ふるまい」の代わりに、「サービス」などの〈カタカナ語〉が用いられるケースが目立つようになっています。客に飲食物を提供して接待する行為が、「サービス」として認識されているうちは、そこにどうしても「評価」がともないがちです。客としてお金を払って「サービス」の提供を受けているのだから、「評価」されるのは当然だという発想です。

それに対して、「もてなし」や「ふるまい」などの〈やまと言葉〉が用いられる場合には、そういった発想にはなかなかなりにくいように思われます。飲食物等が、他者からの「もてなし」や「ふるまい」として供されたものであると認識されている限り、かりに口に合わなかったとしても、出されたものを感謝の気持ちをもって「有り難く」いただくことができるでしょうし、まして提供されたものを評価したりケチをつけたりなどといったことは、優しさや思い遣りを欠いた「もってのほか」の行為として、おのずと憚られてくると考えられるからです。

九　「しなやか」に「たおやか」に

ある勉強会で「やさしさ」について話をさせていただいたときに、勉強会の参加者から、「気は優しくて力持ち」という言葉があるが、「やさしさ」と、「つよさ」や「たくましさ」との間には、どのような関連性が認められるかといった主旨の質問を受けたことがあります。質問をされたのは、大企業で要職に就かれている方だったのですが、厳しい競争社会の中で生き残っていくには、「やさしさ」だけではだめで、強く逞しくあることも大事な価値として求められてくるのではないかとの疑問を、率直に投げかけてこられたのです。

確かに、現代の日本社会では、「つよさ」や「たくましさ」という語が、否定的な意味で用いられることはほとんどありません。ただ、「つよさ」に関して言えば、そうしたありようをプラスの価値と捉えて、どこまでも強くあろうとすることは、〈やまと言葉〉に蓄積された思想の観点からすれば、若干問題のある発想と言わざるを得ません。

「つよさ」や「たくましさ」という言葉から、すぐさま私にイメージされるのは、筋骨隆々の体つきで、大きなお寺の門の左右に立ち、憤怒の形相で入山者を睨みつけている仁王像の姿です。「仁王立ち」というのは、そうした強く逞しい人間の立ち姿を表した言葉にほかなりませんが、人びとの心を和ませ、安寧に導いてくれるはずの宗教におよそ似つかわしくない、そのような「でっかい（でかい）」、「いかめしい」、「いかつい」、「おっかない」、「こわい」存在が必要とされてきた理由は、どこにあったのでしょうか。

スケールの大きなことを意味する形容詞「でかい」は、「いかい」という古語が音変化したもので、「いかめしい」や「いかつい」などの形容詞のほか、「いかる」という動詞なども、これの関連語と見られます。「でかい」存在というのは、それだけで見る者を圧倒します。「でかい」ことは、それ自体、すでに威厳でもあるのです。

「おっかない」というのは、存在そのものがもつ威厳を感じた人間の感情を表した言葉で、第二章でも確認したように、人力を凌駕（りょうが）した「もの」に気圧（けお）されて身が縮まる思いのことを指す形容詞「大気なし」が促音便化したものです。したがって、私たちが「おっかない」という感情を抱いてしまう存在には、どこか人びとの「宗教心」を掻き立てる要素が認められるというのも確かなのでしょう。

また、形容詞「こわい」の語幹をなす「こわ」は、「形」や「型」、あるいは「堅い」や「固い」などの語幹でもあります。「もの」が「かたち」をなすには、「固」まって「硬」くなった状態が一定時間、維持されなければなりません。そうした堅牢さが人間の立ち姿として表現されるとすれば、体中に力を漲（みなぎ）らせて腕組みをし、両足でどっしりと大地を踏みしめているといった感じでしょう。「たくましい」とは、元来、そのような人間の姿のことを指した言葉だったのです。

さらに言えば、「かた」い状態にあるものは、「こわい（怖い／恐い）」存在と見なされてきたと同時に、「強い」存在と受け止められてきたことも事実でしょう。硬く炊かれたお米のことを、〈やまと言葉〉で「おこわ」とか「こわいい」などと言います。漢字で書けば、それぞれ「御強」、「強飯」となるわけですが、そこには「こわ」という概念が「かたさ」だけでなく、「つよさ」にもつながることが示唆されていると考えられます。そのことは、筋骨隆々の「いかつい」体つきで、武器を手に、「おっかない」表情で立っている仁王像が、「怖い」存在であると同時に、「強く」、「逞しい」存在であると見なされてきたこととも無関係ではないでしょう。

仁王像がもつ恐さや強さといった属性を、日本人は必ずしも否定的に捉えてきたわけではありませんでした。お寺の門などに、阿吽（あうん）の表情を浮かべた一対の仁王像が安置されてきたのも、恐さや強さに肯定的な価値が置かれてきたからこそのことでしょう。ですが、厳密に言えば、仁王像は仏像ではありません。仏教では、仁王は、あくまでも仏法ないし仏の守護者として位置づけられる存在であって、至上の価値が置かれてきたわけではないのです。

仁王像が、入山者を最初に出迎える、人目につきやすい場所に置かれるのが常であるのに対し、本尊である仏像は多くの場合、本堂の奥にひっそりと安置されています。「いかめしい」顔つきで、男性的な体躯をした仁王像とは対照的に、仏像というのは一般に、女性的な体つきをしていて、顔には実に柔和な、笑みにも似た表情を湛えています。かりに、仁王と仏が戦ったとすれば、見た目にはいかにも仁王の方が強そうですが、あらゆる面で無限の能力を兼ねそなえた仏の相手でないことは、火を見るより明らかです。

「つよい」の対義語は「よわい」です。たんに「つよい」に対して「よわい」と言われる場合には、弱さは、当然のことながら、否定的な価値を帯びることになります。ただ、「強い」は「こわい」とも読むことが可能で、その場合の対義語は、「やわい」になるでしょう。「やわな奴だ」などと言われるときには、「やわい」ことはもちろん否定的な意味になるのでしょうが、「やわ」が、「柔」や「和らぐ」などの語幹でもあることを考え合わせれば、「やわい」状態というのは、必ずしも否定的な意味にのみ捉えられてきたわけでないことがわかるはずです。

「柔よく剛を制す」という故事成句があります。柔道の基本理念を言い表す際にしばしば用いられてきたこともあって、現代人にも比較的馴染みのあるものですが、そこには、「強さ」や「硬さ」、「怖さ」や「厳めしさ」などがもつ価値よりも、柔軟さや柔和さにむしろ高い価値を見てきた、古くからの日本人の思想傾向を見て取ることができるでしょう。

〈やまと言葉〉の観点から、柔軟さが強硬さにまさるといった発想に思いを巡らすとき、やはり無視できないのが、本居宣長によって展開されている議論です。国学者の宣長は、現存するわが国最古の歌集である『万葉集』の歌人たちに男性性を、平安時代に編纂された『古今和歌集』の歌人たちに女性性を指摘したうえで、前者を「ますらおぶり」、後者を「たおやめぶり」（「たわやめぶり」）と評しています。

「ますらお」は、「益荒男」と漢字表記されることが多いようです。このことからまずわかるのは、動詞「ます（益す／増す）」から派生したのが、「ますらお」だったのではないかということです。内に宿した生命のエネルギーが滾々と溢れ出すといった、猛々しいイメージでしょうか。幕末の志士として知られる橋本左内（一八三四－一八五九）などは、「ますらお」の姿を「急流中底之柱」に見立て、「大丈夫」という漢字を当てたりもしています。どんなに激しい流れにも負けない、川底の柱のような屈強な精神が、「大丈夫之心」だと言うわけです。

一方の「たおやめ」（「たわやめ」）は、多くの場合、「手弱女」と漢字表記されてきました。姿形や所作振る舞いが「しなやか」で美しいさまを言い表す「たおやか」（「たわやか」）と同じく、「たお」（「たわ」）を語幹にもつ言葉であると見られますが、「たおやか」（「たわやか」）は、漢字を用いて表記すれば「嫋やか」です。「手弱」という字にしてもそうですが、「嫋」という漢字は、「女」偏に「弱」と書かれることから、なよなよとした女性的なか弱さを強く印象づけることになります。そのため、「益荒男ぶり」はともかく、「手弱女ぶり」という言葉からは、肯定的な意味合いを読み込むことは難いように感じられてしまうかも知れません。

しかしながら、「たわ」は、「たわむ（撓む）」や「たわわ（撓わ）」の語幹をなす概念でもあるのです。「急流中底之柱」に喩えられる「ますらお」の強さは、外部からの力に屈しない強さです。それに対して、「撓わ」に実をつけた木の枝は、弧を描いて「撓う」ことで、相当な荷重にも耐えることができます。つまり、「たおやめぶり」がもつ「たおやか」さには、「しなやか」に撓い撓むことで、外部からの圧力をうまく逃し、折れない強さを獲得するのと同時に、どんな困難な状況にも柔軟に対処していける高い順応性や復元性を認めることができるということです。

「弱竹（なよたけ）のかぐや姫」もそうですが、日本人に馴染み深いものの中で、「強さ」と「しなやかさ」とを兼ねそなえた存在として真っ先に思い浮かぶのが、竹でしょう。

「やわい」ものには、しっかりとした「かた」がないために、扱いづらいと言えば扱いづらいのでしょうけれども、「硬（かた）」は「難（かた）」にも通じるように、「硬い」ものも概して扱い「難（がた）い」ことは確かです。その点、竹はどんな形状にも曲げることができますし、そう簡単に折れたりもしません。そのため、日本人は昔から、竹をさまざまな用途に利用してきました。

たとえば、剣道でも、竹の刀が使われます。竹でできた刀であることから、漢字では「竹刀」と表記されますが、「ちくとう」とは音読みされず、「しない」と訓読みされます。そこには、竹の「撓う」性質のために、相手を傷つけることがないことに加え、何度でも使えて丈夫であるといった含意があることは明らかでしょう。

そのように、竹に代表される、柔軟に「しなう」ありように対して、張りをなくして復元性を失い、曲がったままの状態になることを、〈やまと言葉〉で「たるむ」と言います。本書の序論で、私は、「頑張る」や「威張る」等、「張る」を含んだ言葉には、良い意味で使われるものが少ないということを指摘しました。ですが、それはあくまでも「張り」が「頑な」な状態、「強張った」状態になることが良くないという意味であって、「張り」が必要ないということではありません。張り詰めた強さというのは、つねに脆さと背中合わせです。刀なども、粘り気のある鉄で作られたものは「強い」と言われます。しかし、鉄を粘り気のあるものにするには、鍛冶屋は、打って叩いて冷やすという作業を、根気強く繰り返す必要があるのです。

そのように考えてみれば、はかない現実世界を生きている「やわ」な私たちにとって、取り組むべき重要な課題が何であるかが、おのずと見えてくるのではないでしょうか。要するに、大事なことは、私たちがいかに「たおやかさ」や「しなやかさ」を保ちつつ生きていけるかということであって、「あわい」の失われた、自力一辺倒の頑なな努力は、人間存在にかえって非常な脆さをもたらす原因ともなりかねないということです。

このように、身近な〈やまと言葉〉を手がかりに、実生活の中から先人たちが紡ぎ出してきたさまざまな知恵と向き合い、そこから何かを学び取ろうとするとき、適度な「張り」と「撓み」の中で、いかに「嫋やか」で「しなやか」な生を実現できるかということに、日本人が理想として追い求めてきた人生における究極の目標があったということが見えてくるでしょう。

私は、そうした人生の理想の実現に少しでも近づくには、「みずから」の有限性に「かなしみ」を感じ、世界を「やさし」と思い取る感受性を、一人ひとりが日々の生活の中で涵養していく以外にはないと考えています。

【参考文献】

荒木博之『やまとことばの人類学――日本語から日本人を考える』（朝日選書）朝日新聞社、一九八五年
池上嘉彦『日本語と日本語論』（ちくま学芸文庫）筑摩書房、二〇〇七年
石川九楊『二重言語国家・日本』（NHKブックス）日本放送出版協会、一九九九年
磯部忠正『「無常」の構造――幽の世界』（講談社現代新書）講談社、一九七六年
板坂元編『語源の日本史探検――こんな言葉の意外な史実』（快楽脳叢書）同文書院、一九九三年
上野　誠『日本人にとって聖なるものとは何か――神と自然の古代学』（中公新書）中央公論新社、二〇一五年
大久保喬樹『日本文化論の系譜――『武士道』から『「甘え」の構造』まで』（中公新書）中央公論新社、二〇〇三年
大野　晋『日本語の文法を考える』（岩波新書）岩波書店、一九七八年
大野　晋『日本語の年輪』（新潮文庫）新潮社、一九七五年
大野　晋『日本語の世界』（朝日選書）朝日新聞社、一九九三年
加藤周一『日本文化における時間と空間』岩波書店、二〇〇七年
河合隼雄『中空構造日本の深層』（中公文庫）中央公論社、一九八二年
川井博義『人間存在と愛――やまとことばの倫理学』北樹出版、二〇一三年
川田順造『コトバ・言葉・ことば――文字と日本語を考える』青土社、二〇〇四年
唐木順三『無常』（ちくま学芸文庫）筑摩書房、一九九八年

木村紀子『原始日本語のおもかげ』（平凡社新書）平凡社、二〇〇九年
木村紀子『日本語の深層――ことばの由来、心身のむかし』（平凡社新書）平凡社、二〇一一年
木村　敏『偶然性の精神病理』岩波書店、一九九四年
木村　敏『あいだ』（ちくま学芸文庫）筑摩書房、二〇〇五年
九鬼周造「日本的性格について」（『九鬼周造全集』第三巻、岩波書店、一九九〇年 所収）
栗田　勇『日本文化のキーワード――七つのやまと言葉』（祥伝社新書）祥伝社、二〇一〇年
今野真二『日本語のミッシング・リンク――江戸と明治の連続・不連続』（新潮選書）新潮社、二〇一四年
阪倉篤義『日本語の語源』（平凡社ライブラリー）平凡社、二〇一一年
坂部　恵『鏡のなかの日本語――その思考の種々相』（ちくまライブラリー）筑摩書房、一九八九年
坂部　恵『ペルソナの詩学――かたり ふるまい こころ』岩波書店、一九八九年
坂部　恵『かたり――物語の文法』（ちくま学芸文庫）筑摩書房、二〇〇八年
相良　亨「「おのずから」としての自然」（『相良亨著作集』第六巻、ぺりかん社、一九九五年 所収）
相良　亨『日本人の心』東京大学出版会、二〇〇九年
佐藤正英『日本の思想とは何か――現存の倫理学』（筑摩選書）筑摩書房、二〇一四年
司馬遼太郎「雑貨屋の帝国主義」（『この国のかたち』（文春文庫）文藝春秋、一九九三年 所収）
清水正之『日本思想史全史』（ちくま新書）筑摩書房、二〇一四年
杉本つとむ『気になる日本語の気になる語源』東京書籍、二〇〇六年
竹内整一『日本人は「やさしい」のか――日本精神史入門』（ちくま新書）筑摩書房、一九九七年
竹内整一『「おのずから」と「みずから」――日本思想の基層』春秋社、二〇〇四年

竹内整一『「はかなさ」と日本人――「無常」の日本精神史』（平凡社新書）平凡社、二〇〇七年
竹内整一『日本人はなぜ「さようなら」と別れるのか』（ちくま新書）筑摩書房、二〇〇九年
竹内整一『花びらは散る花は散らない――無常の日本思想』（角川選書）角川書店、二〇一一年
竹内整一『やまと言葉で哲学する――「おのずから」と「みずから」のあわいで』春秋社、二〇一二年
竹内整一「日本の「哲学」の可能性」（『岩波講座日本の思想〈一〉』）岩波書店、二〇一三年
田中久文『日本美を哲学する――あはれ・幽玄・さび・いき』青土社、二〇一三年
土居健郎『「甘え」の構造』弘文堂、一九八四年
飛田良文『明治生まれの日本語』知の蔵書21、淡交社、二〇〇二年
長戸　宏『大和言葉を忘れた日本人』明石書店、二〇〇二年
中西　進『ひらがなでよめばわかる日本語』（新潮文庫）新潮社、二〇〇八年
西田幾多郎「自覚に於ける直観と反省」（『西田幾多郎全集』第二巻、岩波書店、二〇〇四年所収）
芳賀　綏『日本人らしさの構造――言語文化論講義』大修館書店、二〇〇四年
萩谷　朴『語源の快楽』（新潮文庫）新潮社、二〇〇〇年
長谷川三千子『日本語の哲学へ』（ちくま新書）筑摩書房、二〇一〇年
秦　恒平『日本語にっぽん事情』創知社、一九九四年
廣松　渉『もの・こと・ことば』勁草書房、一九九七年
船曳建夫『「日本人論」再考』日本放送出版協会、二〇〇三年
ルース・ベネディクト『菊と刀――日本文化の型』（講談社学術文庫）講談社、二〇〇五年
堀井令以知『語源をつきとめる』（講談社現代新書）講談社、一九九〇年

松本　修　『全国アホ・バカ分布考――はるかなる言葉の旅路』（新潮文庫）新潮社、一九九六年
丸山眞男　『日本の思想』（岩波新書）岩波書店、一九六一年
丸山眞男　「歴史意識の「古層」」（『忠誠と反逆――転成期日本の精神史的位相』（ちくま学芸文庫）筑摩書房、一九九八年 所収）
南　博　『日本人論――明治から今日まで』岩波書店、一九九四年
森本哲郎　『日本語表と裏』新潮社、一九八五年
森本哲郎　『日本語根ほり葉ほり』新潮社、一九九一年
山本七平　「「空気」の研究」（文春文庫）文藝春秋、一九八三年
安冨　歩・本多雅人『今を生きる親鸞』樹心社、二〇一一年
安冨　歩　『幻影からの脱出 Escape from Illusion ――原発危機と東大話法を越えて』明石書店、二〇一二年
柳田国男　「尋常人の人生観」（日本民族学会 編『季刊民族学研究』第一四巻四号、岡書院、一九五〇年 所収）
柳田国男　『毎日の言葉』（新潮文庫）新潮社、一九九三年
山本伸裕　『他力の思想』青灯社、二〇一三年
吉田金彦　『日本語ことばのルーツ探し――意外な由来、面白い語源』（祥伝社黄金文庫）祥伝社、二〇〇三年
鷲田清一　『老いの空白』弘文堂、二〇〇三年
和辻哲郎　「日本語と哲学の問題」（『日本精神史研究続』岩波書店、一九三五年 所収）

和辻哲郎『風土』（岩波文庫）岩波書店、二〇一〇年

あとがき

二〇一一年度以降、日本の英語教育は、公立小学校の五年生から「外国語活動」として必須化され、二〇二〇年を目処に、正式な教科への格上げと開始学年の引き下げが検討されているそうです。国際舞台で活躍できる人材の育成に国を挙げて取り組むべきだとの意見に押されるかたちで、英語教育の開始年齢のさらなる引き下げを求める声も依然として大きいのは事実ですが、そのために母国語の習得が蔑ろにされてしまうようでは、本末転倒と言うほかありません。現に、一部の識者の間からは、英語力を身につけるより先に日本語の能力を高めることに力を注ぐべきだとの意見も聞かれますし、そうした識者の意見を支持する声は、以前に増して大きくなってきているようにも感じられます。

言語から生活様式に至るまで、すべてを一気に欧米化せよと言うのであれば話は別ですが、言語が人間存在に及ぼす影響というのは、所作振る舞いから、家屋の造り、茶碗の形状に至るまで、その言葉を母国語としてきた社会の隅々にまで行き渡っており、あらゆる物事と分かちがたく結びついています。したがって、母国語の習得もままならぬうちから外国語の習得が義務化されるというのは、場合によっては、日本の文化の基盤そのものを揺がしかねないとも言えるのではないでしょうか。

私の見立てでは、言葉に限らず、人びとの間で長く受け継がれてきたものには、歴史の試練に耐えてきたということからして、何らかの正当な存在理由があるはずなのです。母国語を大事にせよと主張することは、異国の思想文化を排除せよと主張することではありません。私が言いたいのは、異国の思想文化から多くのものを学ぶためにも、母国語に支えられた豊かな思想の土壌が必要だということです。

倫理学者の和辻哲郎は、「日本語と哲学の問題」という論考の中で、「日本語をもって思索する哲学者よ、生まれいでよ」と呼びかけています。ここで和辻が「日本語」と称しているのは、基本的には、日本人の実存を根底において支えてきた〈やまと言葉〉であると理解して差し支えないでしょうが、そうした和辻の呼びかけにもかかわらず、この国の人文学の分野において、〈やまと言葉〉に深く切り込んだ思想研究が脚光を浴びることは、これまでほとんどなかったというのが現実なのです。

本書は、より良い生をめざすためにはどうすれば良いかを教える、いわゆる「ハウ・ツー本」ではありません。本書で私が訴えたかったのは、人間になし得ることにはおのずと限界があるということをあらためて思い知らされ、存在の深いかなしみを感じるという個々の経験の中からしか、現実の世界を真に前向きに、かつ柔軟に生きていける姿勢は生まれてこないということです。その意味で、本書で論じられていることは、「サッカーが上達するにはどうすればいいのか」という問いに対して、「毎日グランドを走りなさい」と答えているようなものだとも言えます。グランドをしっかり走り込んだからと言って、サッカーがうまくなる保証はどこにもありません。ですが、基礎体力をつけないことには、上達も何もあったものではないでしょう。

私たちの社会生活が、それでもどうにか成り立っているのは、日本語という言語のうちに蓄積された思想的な基盤が共有されてきたからです。母国語に支えられた思想的基盤というのは、社会にとってかけがえのない共有財産でもあるのです。したがって、いついかなる時代でも、折に触れて自分たちが使用している言葉の意味を確認してみることは、社会の中で生きる自己の思想を錬磨し、前途に充実した生を切り拓くために、きわめて重要な作業として位置づけられる必要があるでしょう。そのことは、裏を返せば、母国語の点検作業を怠ることは、言葉の形骸化を進行させる原因となるとともに、生の基盤を見失わせる原因ともなるということです。

いま私たちに強く求められているのは、身体性や生活実感に根ざした言葉の中から、歴史のうちに堆積した先人の知恵を丹念に掘り起こし、そこに確認されるさまざまなものの見方を、現在と未来をより良く生きるための手がかりにしていくことであると、私は考えています。

本書との出遇いをとおして、一人でも多くの人が現実世界を肯定的に生きていくことのできる力を引き出すことができたとすれば、これ以上、悦ばしいことはありません。

*

本書が世に出る直接のきっかけは、二〇一三年六月に、『他力の思想――仏陀から植木等まで』を出版させていただいたご縁で、青灯社の辻一三さんから日本人の「個」をテーマにした本の執筆を打診されたことにあります。著者のこれまでの来歴を知る人の中には、今回、〈やまと言葉〉を手がかりとして日本人のものの見方に迫る本が出版されたことを意外に感じる人も少なくないでしょう。しかし、筆者の問題意識としては、本書で論じられている内容は、『他力の思想』と表裏一体をなすものでもあるのです。その意味では、本書を『他力の思想』の続編と見なすことも、あるいは可能なのかも知れません。

本書における論の基本的な骨組みは、筆者が東京大学の倫理学研究室に所属していたときの指導教官である竹内整一先生（本文では「竹内整一さん」と書きましたが、私にとっては敬愛する「先生」です）の『「おのずから」と「みずから」――日本思想の基層』（春秋社）に依拠しています。本書で紹介される例文の何割かは、竹内先生の講義資料や、『「おのずから」と「みずから」』をはじめとしたいくつかの著書から引用したものです。そうした点で、本書が、竹内倫理学の成果に多くのものを負っていることは、重ね重ね強調しておきたいと思います。

もっとも、「おのずから」と「みずから」の「あわい」という観点から、日本人のものの見方に迫ろうとする試みの源流は、竹内先生の先生である相良亨先生にさかのぼることができるわけですが、著者としては、そうした先学者の研究成果を踏まえ、日本人が歴史の中に蓄積させてきた「自力」と「他力」をめぐる思想課題を、自分なりに再構成し、発展させたつもりでいます。

実際、草稿の段階で、竹内先生をはじめ、数人の研究仲間に目をとおしてもらい、貴重な意見や指摘を数多く頂戴しました。関係された方々には、この場を借りて厚く御礼申し上げます。

また、『他力の思想』に引き続き、本書の執筆を快く了承してくださり、このような論を発表する機会を与えて下さった青灯社の辻一三さんには、頭が下がる思いでいっぱいです。辻さんには、執筆過程で、何度も目を通していただき、懇切丁寧で親身なアドバイスを数多くいただきました。また、編集を担当くださいました山田愛さんには、私の煮え切らない執筆姿勢のために多大なお手数をお掛けしたことをお詫びします。この経験を糧として、この先も「適当に」、「いい加減に」を座右の銘として研究に励んでいきたいと考えています。

山本伸裕（やまもと・のぶひろ）　１９６９年生まれ。東洋大学文学研究科仏教学専攻博士後期課程単位取得退学。東京大学文学部思想文化学科倫理学専修課程卒業。文学博士（大谷大学）。真宗大谷派・親鸞仏教センター研究員、東京大学東洋文化研究所特任研究員を経て、現在、東京医療保健大学講師。専門は倫理学、仏教学、日本思想史。著書『「精神主義」は誰の思想か』（法藏館）、『清沢満之集』（安冨信哉編、山本伸裕校注、岩波文庫）、『他力の思想―仏陀から植木等まで』（青灯社）、『清沢満之と日本近現代思想―自力の呪縛から他力思想へ』（明石書店）など。

日本人のものの見方

――〈やまと言葉〉から考える

2015年9月30日　第1刷発行

著　者　山本伸裕

発行者　辻　一三

発行所　株式会社青灯社

東京都新宿区新宿 1－4－13

郵便番号 160－0022

電話 03－5368－6923（編集）

03－5368－6550（販売）

URL http://www.seitosha-p.co.jp

振替　00120－8－260856

印刷・製本　株式会社シナノ

Printed in Japan

ISBN978－4－86228－083－1 C0010

小社ロゴは、田中恭吉「ろうそく」（和歌山県立近代美術館所蔵）をもとに、菊地信義氏が作成

●青灯社の本●

普天間移設　日米の深層
琉球新報「日米廻り舞台」取材班
定価1400円+税

ふたたびの〈戦前〉
——軍隊体験者の反省とこれから
石田　雄
定価1600円+税

自分で考える集団的自衛権
——若者と国家
柳澤協二
定価1400円+税

脳は出会いで育つ
——「脳科学と教育」入門
小泉英明
定価2000円+税

知・情・意の神経心理学
山鳥　重
定価1800円+税

16歳からの〈こころ〉学
——「あなた」と「わたし」と「世界」をめぐって
高岡　健
定価1600円+税

残したい日本語
森　朝男／古橋信孝
定価1600円+税

「二重言語国家・日本」の歴史
石川九楊
定価2200円+税

9条がつくる脱アメリカ型国家
——財界リーダーの提言
品川正治
定価1500円+税

〈新しい人間〉の設計図
ドイツ文学・哲学から読む
香田芳樹　編著
定価3200円+税

子どもが自立する学校
——奇跡を生んだ実践の秘密
尾木直樹　編著
定価2000円+税

神と黄金（上・下）
——イギリス・アメリカはなぜ近現代世界を支配できたのか
ウォルター・ラッセル・ミード
寺下滝郎　訳
定価各3200円+税

起源——古代オリエント文明：西欧近代生活の背景
ウィリアム・W・ハロー
岡田明子　訳
定価4800円+税

「うたかたの恋」の真実
——ハプスブルク皇太子心中事件
仲　晃
定価2000円+税

魂の脱植民地化とは何か
深尾葉子
定価2500円+税

枠組み外しの旅
——「個性化」が変える福祉社会
竹端　寛
定価2500円+税

合理的な神秘主義
——生きるための思想史
安冨　歩
定価2500円+税

生きる技法
安冨　歩
定価1500円+税

他力の思想
——仏陀から植木等まで
山本伸裕
定価2200円+税

理性の暴力
——日本社会の病理学
古賀　徹
定価2800円+税

自閉症者の魂の軌跡
——東アジアの「余白」を生きる
真鍋祐子
定価2500円+税